Der Sicherheitentreuhänder nach Einführung des Refinanzierungsregisters

T0326443

Europäische Hochschulschriften
Publications Universitaires Européennes
European University Studies

Reihe II
Rechtswissenschaft

Série II   Series II
Droit
Law

Bd./Vol. 4745

PETER LANG
Frankfurt am Main · Berlin · Bern · Bruxelles · New York · Oxford · Wien

Hendrik Aßmus

Der Sicherheitentreuhänder nach Einführung des Refinanzierungsregisters

PETER LANG
Internationaler Verlag der Wissenschaften

Bibliografische Information der Deutschen Nationalbibliothek
Die Deutsche Nationalbibliothek verzeichnet diese Publikation
in der Deutschen Nationalbibliografie; detaillierte bibliografische
Daten sind im Internet über <http://www.d-nb.de> abrufbar.

Zugl.: Kiel, Univ., Diss., 2008

Gedruckt auf alterungsbeständigem,
säurefreiem Papier.

D 8
ISSN 0531-7312
ISBN 978-3-631-57896-4

© Peter Lang GmbH
Internationaler Verlag der Wissenschaften
Frankfurt am Main 2008
Alle Rechte vorbehalten.

Printed in Germany 1 2 3 4 5   7

www.peterlang.de

Vorwort

Die vorliegende Arbeit wurde im Wintersemester 2007/2008 von der rechtswissenschaftlichen Fakultät der Christian-Albrechts-Universität zu Kiel als Dissertation angenommen. Tag der mündlichen Doktorprüfung war der 21. April 2008.

Mein Dank gilt meinem Doktorvater, Herrn Professor Dr. Joachim Jickeli, der die Fertigstellung der Arbeit durch seine konstruktiven Anregungen sehr gefördert hat. Bedanken möchte ich mich auch bei Herrn Professor Dr. Stefan Smid für die zügige Erstellung des Zweitgutachtens.

Herrn Dr. Mark Odenbach danke ich für die Fachgespräche, in denen er mir zahlreiche Ideen zu meiner Promotion gegeben hat.

Besonderer Dank gebührt auch meinen Eltern. Durch die uneingeschränkte Förderung meiner Ausbildung haben sie zum Gelingen dieser Arbeit beigetragen.

Hamburg, den 30. April 2008   Hendrik Aßmus

V

Inhaltsübersicht

Inhaltsverzeichnis

X

1

Einleitung

Asset-Backed Securities (ABS) sind in Deutschland bisher wenig verbreitet. So war das diesbezügliche Verbriefungsvolumen beispielsweise in England im Jahr 2006 fünfmal so groß wie in Deutschland. Dies hing mit einer Reihe von Hindernissen überwiegend rechtlicher Art zusammen. Insbesondere im Bereich des Rechtsberatungsgesetzes, der Gewerbe- und Umsatzsteuer sowie des Insolvenzrechts gab es Unsicherheiten. Dennoch war der deutsche Markt für ABS schon weitaus größer als in den vorangegangenen Jahren.

Der Gesetzgeber und die Verwaltung haben in den letzten Jahren Maßnahmen verabschiedet, die die genannten Unsicherheiten beseitigen sollten. Dadurch sollte die Attraktivität des deutschen Marktes für ABS gesteigert werden. So wurde bereits im Jahre 2002 klargestellt, dass die Einziehung abgetretener und somit „fremd" gewordener Forderungen nicht dem Anwendungsbereich des Rechtsberatungsgesetzes unterfällt (vgl. Art. 1 § 5 Ziff. 4 RBerG). Die Forderungen veräußernden Unternehmen, die bei ABS-Transaktionen regelmäßig mit dem Forderungseinzug beauftragt werden, bedürfen zu ihrer Tätigkeit daher keiner Erlaubnis. Zudem wurden mit dem Kleinunternehmerförderungsgesetz aus dem Jahre 2003 die gewerbesteuerlichen Hindernisse zumindest für solche ABS-Transaktionen beseitigt, die Forderungen aus Bankgeschäften zum Gegenstand haben. Schließlich hat das Bundesministerium der Finanzen im Jahr 2004 durch zwei Schreiben für Rechtsklarheit in Bezug auf die umsatzsteuerliche Behandlung von ABS-Transaktionen gesorgt.[1] Danach sollen weder der Forderungseinzug noch die Forderungsverwaltung durch die Forderungen veräußernde Unternehmen umsatzsteuerpflichtig sein.

Mit dem Ziel, den deutschen Markt für ABS zu fördern und zu verbessern, hat der Gesetzgeber im Jahr 2005 schließlich das Refinanzierungsregister (§§ 22a bis 22o KWG) geschaffen. Nunmehr können Übertragungsansprüche insolvenzfest in ein Refinanzierungsregister eingetragen werden. Hierdurch wird eines der letzten Hindernisse für ABS-Transaktionen in Deutschland überwunden[2]. Insbesondere der Bereich der True-Sale Mortgage-Backed Securities (MBS) sollte von den neuen Regelungen profitieren. Das Problem der mangelnden Insolvenzfestigkeit, das den bisherigen Treuhandabreden zwischen dem die Forderungen veräußernden Unternehmen und dem Erwerber der Forderungen anhaftete, wird durch die neuen Regelungen weitestgehend beseitigt.

---

1   BMF vom 24.05.2004 (IV B 7 – S 7279a – 17/04) und 03.06.2004 (IV B 7 – S 7104 – 18/04).
2   *Fleckner* WM 2004, 2051, 2052.

2

Die Regelungen zum Refinanzierungsregister sind als Teil des Gesetzes zur Neuorganisation der Bundesfinanzverwaltung[3] am 25. September 2005 in Kraft getreten und gehen auf einen Referentenentwurf vom 16. September 2004 zurück. Ausgangspunkt hierfür war der „Finanzmarktförderungsplan 2006", der schon am 6. März 2003 veröffentlicht wurde. Dieser hatte sich unter anderem zum Ziel gesetzt, die rechtlichen Rahmenbedingungen bei der Refinanzierung mittels ABS zu verbessern. Im Mittelpunkt der Beratungen zum Gesetzesentwurf stand dabei die Anerkennung der Treuhandverhältnisse, wie sie üblicherweise bei den seinerzeit emittierten Mortgage-Backed Securities vereinbart wurden.

Das schließlich verabschiedete Gesetz blieb in seinem Anwendungsbereich und den Rechtswirkungen teilweise hinter dem Referentenentwurf zurück. Dies betrifft unter anderem den Umfang der in das Refinanzierungsregister eintragungsfähigen Gegenstände sowie die aus der Eintragung resultierende Rechtsstellung des als übertragungsberechtigt Eingetragenen.

Zwar ist das Gesetz insgesamt sehr detailliert ausgestaltet. Dennoch bleiben viele Fragen offen, da das Gesetz für etliche Bereiche keine Regelung enthält. Hierzu zählt beispielsweise die Frage, wie die durch die Eintragung in das Refinanzierungsregister erlangte Rechtsposition übertragen werden kann. Dies ist insbesondere in Bezug auf den bei ABS-Transaktionen üblicherweise eingesetzten Sicherheitentreuhänder der Zweckgesellschaft relevant. Das Gesetz lässt nicht erkennen, inwieweit er zukünftig in ABS-Transaktionen, die mit Hilfe des Refinanzierungsregisters durchgeführt werden, einbezogen werden kann.

Gegenstand der folgenden Untersuchung sollen daher die neuen Regelungen der §§ 22a-o KWG zum Refinanzierungsregister sein. Dabei sollen schwerpunktmäßig die Folgewirkungen für den Sicherheitentreuhänder untersucht werden. Die Arbeit gliedert sich in drei Hauptteile:

Im ersten Teil werden zunächst die Probleme bei bisherigen ABS-Transaktionen in Deutschland erörtert. Hierzu werden die Grundstruktur und der ökonomische Hintergrund von ABS-Transaktionen dargestellt und ein Überblick zum Treuhandrecht gegeben. Schließlich werden die Probleme, die sich aus der Einbeziehung des Sicherheitentreuhänders der Zweckgesellschaft ergeben, erläutert.

Im zweiten Teil werden die neuen Regelungen zum Refinanzierungsregister untersucht. Dabei wird insbesondere auf deren Folgewirkungen für den Sicherhei-

---

3   BGBl. I 2005, S. 2809 ff. vom 27.09.2005.

tentreuhänder eingegangen. Es wird gezeigt werden, dass dieser einerseits auch zukünftig Bestandteil von ABS-Transaktionen sein wird. Andererseits kann er jedoch nur unter bestimmten Bedingungen in solche Transaktionen einbezogen werden. Der Anwendungsbereich und somit auch der Nutzen des Refinanzierungsregisters werden hierdurch eingeschränkt.

Der dritte Teil der Untersuchung befasst sich schließlich mit alternativen Einbeziehungsmöglichkeiten für den Sicherheitentreuhänder. Die Betrachtung ist dabei schwerpunktmäßig auf die Frage gerichtet, ob die Zweckgesellschaft die Übertragungsansprüche verpfänden kann und welche Rechtsfolgen dies hat.

1. Teil ABS-Transaktionen – Grundlagen und rechtliche Problematik

Zunächst sollen die Grundstruktur und der ökonomische Hintergrund von ABS-Transaktionen sowie das Treuhandrecht dargestellt werden. Im Anschluss daran soll die rechtliche Problematik bei bisherigen ABS-Transaktionen erläutert werden, die letztlich zur Einführung der Regelungen zum Refinanzierungsregister geführt hat. Dabei sollen insbesondere der Regelungsbereich der §§ 22a-o KWG und der Sicherheitentreuhänder einer solchen Transaktion berücksichtigt werden.

A. ABS-Transaktionen

I. Die Grundstruktur

ABS-Transaktionen zeichnen sich durch folgende Grundstruktur aus, die im jeweiligen Einzelfall entsprechend durch weitere Beteiligte und Vereinbarungen ergänzt wird:

Es wird eine Einzweckgesellschaft – das sog. „Special Purpose Vehicel" (SPV)[4] – gegründet. Diese erwirbt von einem sich refinanzierenden Unternehmen (Originator) einen Bestand an Forderungen.[5] Es handelt sich dabei um einen echten Forderungskauf, einen sog. True-Sale. Der Erwerb der Forderungen wird durch die Emission von Wertpapieren wie etwa Schuldverschreibungen finanziert. Die entsprechenden Zahlungsansprüche der Investoren sind durch die zuvor von dem SPV erworbenen Forderungen gedeckt. Die Zinsansprüche der Wertpapierinhaber werden mit Hilfe der eingehenden Zins- und Tilgungszahlungen auf die Forderungen bedient.

II. Ökonomischer Hintergrund

Unternehmen benötigen meist Kapital in Form von Barmitteln, um geplante Investitionen zu verwirklichen. Häufig ist diesen Unternehmen jedoch der Zugang zum Kapitalmarkt verschlossen oder eine sonstige Finanzierung beispielsweise durch Darlehen aufgrund eines schlechten Unternehmensratings nur zu hohen

---

4 Siehe hierzu unten A III 2.
5 Neben Forderungen können auch alle sonstigen Vermögensgegenstände des sich refinanzierenden Unternehmens übertragen werden, wobei hier vorwiegend Forderungen behandelt werden sollen. Vgl. hierzu auch unten A III 1.

Kosten (insbesondere hohen Kreditzinsen) möglich.[6] Durch ABS-Transaktionen hingegen erhalten diese Unternehmen Zugang zum Kapitalmarkt. Bei dem Forderungsverkauf an das SPV, wie er in der obigen Grundstruktur dargestellt ist, werden illiquide Vermögenswerte, mit denen der Originator üblicherweise nicht arbeiten kann, in Barmittel umgewandelt. Der entscheidende Vorteil ist, dass es auf das Rating des jeweiligen Unternehmens nicht ankommt. Vielmehr orientieren sich der Kaufpreis und das Rating der vom SPV emittierten Wertpapiere einzig an der Werthaltigkeit der verkauften Forderungen. Das aus dem Forderungsverkauf erlangte Geld kann der Originator schließlich wieder gewinnbringend investieren. Neue Verbindlichkeiten muss er hierzu nicht eingehen. Ökonomischer Hintergrund von ABS ist daher die Möglichkeit für Unternehmen, sich über den Kapitalmarkt – jedenfalls bei einer sog. „True-Sale" Transaktion[7] – zu günstigen Konditionen zu refinanzieren. Zudem wird durch ABS die Bilanz des Originators entlastet, da die verkauften Forderungen dort nicht mehr erscheinen. Gerade bei Banken bedeutet eine solche Bilanzentlastung vor dem Hintergrund der Baseler Eigenkapitalvereinbarungen Basel I und II[8] zusätzlich eine Eigenkapitalentlastung, da diese Forderungen nicht mehr mit Eigenkapital unterlegt werden müssen.[9]

III. Die Gestaltungsmaxime

Um die genannten Vorteile zu erreichen, ist das Ziel bei der Gestaltung einer jeden ABS-Transaktion die Erlangung eines besonders guten, im Idealfall eines AAA-Ratings[10] für die von dem SPV ausgegebenen Wertpapiere. Dadurch kann die Zinsbelastung des SPV durch die Wertpapiere gering gehalten werden. Denn je besser das Rating der Wertpapiere ist, desto niedriger kann die Verzinsung angesetzt werden. Dieser Zinsvorteil kann über geringere Kaufpreisabschläge

6   *Tollmann* ZHR 2005, 594, 597; *Lenhard/Lindner* ZfgK 2005, 973, 974.
7   Siehe zu True-Sale Transaktionen A IV.
8   Bei Basel II handelt es sich um das vom Baseler Ausschuss für Bankaufsichtsrecht im Januar 2001 veröffentlichte – und im Mai 2001 in überarbeiteter Form vorgelegte – Konsultationspapier mit dem Titel „Die neue Baseler Eigenkapitalvereinbarung sowie eine Vielzahl ergänzender Papiere aus verschiedenen Arbeitsgruppen. Die Regeln müssen gemäß der EU-Richtlinie 2006/49/EG seit dem 1. Januar 2007 in den Mitgliedsstaaten der Europäischen Union angewendet werden. Kernstück der Regelung ist die verbesserte Allokation des Eigenkapitals bei gleich bleibenden Eigenkapitalanforderungen für Banken, die den Standardansatz wählen sowie eine stärkere Berücksichtigung von Kreditrisikominderungstechniken (im einzelnen siehe *Litten/Cristea* WM 2003, 216).
9   Eingehend hierzu *Litten/Cristea* WM 2003, 213 ff.
10 Standard & Poor's sowie Fitch Rating vergeben AAA als bestes Langzeitrating, während das Äquivalent von Moody's Aaa genannt wird.

beim Kauf der Forderungen an den Originator weitergegeben werden.[11] Aus dem Verkauf der Forderungen können somit höhere Einnahmen generiert werden. In der Folge sinken die Refinanzierungskosten. Es stehen verschiedene, das Rating verbessernde Maßnahmen zur Verfügung. Sie können einerseits zwischen dem SPV und dem Originator vereinbart werden. Andererseits können aber auch Dritte in die Transaktion eingeschaltet werden.

Eine Maßnahme zwischen dem SPV und dem Originator zur Verbesserung des Ratings kann beispielsweise der ausschließliche Verkauf von Forderungen sehr guter Bonität sein. Die zuvor genannten Vorteile würden eintreten. Nicht nur das Rating der Wertpapiere würde sich verbessern. Auch wären die Kaufpreisabschläge auf den Nominalwert der Forderung geringer, da die Ausfallwahrscheinlichkeit der Forderungen niedriger ist. Hierdurch würden sich schließlich Refinanzierungskosten für den Originator verringern.

Zudem müssen beim Verkauf von Forderungen sehr guter Bonität weniger zusätzliche Sicherheiten bereitgestellt werden. Diese sog. „Overcollateralisation" ist notwendig, um eventuelle Forderungsausfälle durch zusätzlich vorhandene Forderungen auffangen zu können. Da die Höhe der Overcollateralisation von der Qualität der Forderungen abhängig ist, wirkt sich der Verkauf von sehr werthaltigen Forderungen auch auf diesem Wege positiv auf die Transaktionskosten aus.

Daneben werden regelmäßig weitere Teilnehmer bzw. Dritte an einer solchen Transaktion beteiligt. Diese statten die Transaktion mit bestimmten, das Rating verbessernden Mechanismen aus. Solche Mechanismen sind insbesondere sog. „Credit Enhancements" sowie „Liquiditätsfazilitäten", die sowohl intern als auch extern durch Dritte bereitgestellt werden können. Credit Enhancements sind Instrumente, die sicherstellen sollen, dass die Forderungen der Wertpapiergläubiger auch dann erfüllt werden, wenn der aus den der Deckungsmasse zugrunde liegenden Forderungen generierte Kapitalfluss hierfür nicht ausreicht.[12] Dies kann beispielsweise durch den Abschluss von Swap-Vereinbarungen (extern) oder die Auszahlung sog. „subordinated Loans" (extern) geschehen.[13] Demgegenüber soll die Liquiditätsfazilität nur bei vorübergehenden Liquiditätsengpässen eingreifen und nicht dauerhaft den Ausfall eines Dritt-

---

11 Zur Vereinbarung von Kaufpreisabschlägen vgl. *Pannen/Wolff* ZIP 2006, 52, 55.
12 *Litten/Cristea* WM 2003, 213, 214.
13 Zu Swap-Vereinbarungen vgl. A III 5 e); Subordinated Loans sind nachrangige Darlehen, deren Rückzahlung erst nach Bedienung der Investoren und anderen Transaktionsgläubiger erfolgt.

8

schuldners egalisieren.[14] Als Liquiditätsfazilitäten dienen beispielsweise kurzfristige Darlehen (extern) oder Reservekonten (intern).[15] Bei allen Maßnahmen muss wegen der damit verbundenen Kosten aber stets darauf geachtet werden, dass die Vorteile für das sich refinanzierende Unternehmen nicht verloren gehen.

IV. Die Beteiligten

Im Folgenden werden neben den schon oben genannten die weiteren Beteiligten einer ABS-Transaktion dargestellt.

1. Der „Originator" (Refinanzierungsunternehmen)

Die sich refinanzierenden Unternehmen werden allgemein als „Originatoren" bezeichnet. Bei einer ABS-Transaktion erfüllt der Originator mehrere Aufgaben. Von ihm geht zunächst die Initiative zur Durchführung der Transaktion aus und er verkauft die Vermögenswerte an die Zweckgesellschaft. Bei den Vermögenswerten kann es sich neben Forderungen um die verschiedensten Gegenstände des Anlagevermögens handeln. Es kommen sogar immaterielle Vermögensgegenstände in Betracht, die erst durch den Verkauf einen Marktwert im Sinne des § 248 Abs. 2 HGB erhalten und somit bei der Zweckgesellschaft bilanzierbar sind.[16] Daneben übernimmt der Originator für die Zweckgesellschaft meist noch die Einziehung und Verwaltung der Forderungspools, das sog. „Servicing".[17] Hierbei handelt es sich um einen Geschäftsbesorgungsvertrag im Sinne des § 675 BGB.[18] Auf dessen Grundlage erhält der Originator von der Zweckgesellschaft eine Servicegebühr, das sog. „Servicing-fee". Die Anzahl der Originatoren einer ABS-Transaktion ist auch keineswegs auf einen Originator begrenzt. Vielmehr kann die Struktur eine Vielzahl von Originatoren vorsehen, wobei sie dann als sog. „Multi-Seller-Conduit" bezeichnet wird. Dies ermöglicht insbesondere auch solchen Unternehmen eine Refinanzierung über ABS, für die diese Art der Refinanzierung mangels eines ausreichenden Emissionsvolumens aus Kostengründen grundsätzlich nicht in Betracht kommt.[19]

14 Litten/Cristea WM 2003, 213, 214.
15 Rinze/Klüwer BB 1998, 1697, 1700.
16 Rinze/Klüwer BB 1998, 1697; Im Rahmen dieser Untersuchung soll jedoch ausschließlich auf den Verkauf von Forderungen (und hierfür bestellter Sicherheiten) abgestellt werden.
17 Gehring, ABS, S. 17.
18 Pannen/Wolff ZIP 2006, 52.
19 Winkeljohann Die Wirtschaftsprüfung 2003, 385, 392 – Der Autor nennt als Rentabilitätsgrenze ein Emissionsvolumen von 20 Mio. Euro; Röchling, Loan-Backed Securities,

Der in den § 22a ff. KWG verwendete Begriff des Refinanzierungsunternehmens ist mit dem oben genannten Begriff des Originators weitgehend identisch. Der Gesetzgeber hat jedoch bewusst nicht den Begriff des Originators gewählt, da dieser zu allgemein sei und nicht erkennen lasse, dass es sich um den Urheber einer Refinanzierungstransaktion handle.[20] Vielmehr mache der Begriff „Refinanzierungsunternehmen" unmittelbar deutlich, welchen Zweck, und zwar den der Refinanzierung, das entsprechende Unternehmen verfolgt.[21] Es müssen Gegenstände aus *seinem* Geschäftsbetrieb, also dem des Refinanzierungsunternehmens veräußert werden. Das Refinanzierungsunternehmen darf daher nicht Gegenstände erwerben, um sie später zur Refinanzierung weiterzuveräußern. Andernfalls wäre es als Refinanzierungsmittler anzusehen.[22]

Im Folgenden wird anstelle des Begriffs des Originators der des Refinanzierungsunternehmens verwendet, da sich die Untersuchung auf die §§ 22a ff. KWG bezieht.

2. Das „Special Purpose Vehicel" (Zweckgesellschaft)

Das Special Purpose Vehicel (SPV), auch „Special Purpose Entity" (SPE) genannt,[23] wird nicht ausschließlich in ABS-Transaktionen verwendet, sondern beispielsweise auch bei Leasingtransaktionen, Unternehmenskäufen und anderen Transaktionen.[24] Hier soll es jedoch nur in Bezug auf ABS-Transaktionen dargestellt werden. Das SPV wird meist als Kapitalgesellschaft oder englischer Trust gegründet. Deren eigentlicher Zweck ist der Ankauf der Forderungen des Refinanzierungsunternehmens und die anschließende Emission von Wertpapieren oder die Platzierung von Schuldscheindarlehen, um den Forderungskauf zu finanzieren.[25]

S. 27 Fn. 131 – Der Autor nennt für Banken in Abhängigkeit von der Laufzeit der Anleihen ein Mindestemissionsvolumen von 50 - 250 Mio. Euro.

20 Gesetzesbegründung zu Nr. 2 b, S. 17, BT-Drucks. 15/5852 vom 29.06.2005, S. 1 ff.

21 Gesetzesbegründung zu Nr. 2 b, S. 17.

22 Gesetzebegründung zu Nr. 2 b, S. 17.

23 Standard and Poor's Reverse Mortgage Criteria Report, 2004, S. 68.

24 *Schultz*, Das SPV, S. 705.

25 Standard and Poor's Reverse Mortgage Criteria Report, 2004, S. 51 ff., 69 ff – Diese Art der Transaktion wird auch als sog. „One-Tier-Transaction" bezeichnet. Daneben gibt es sog. „Two-Tier-Transactions", bei denen die Assets zunächst an ein sog. „Intermediate-SPV" veräußert werden und dieses ein weiteres SPV damit beauftragt, die Anleihen zu emittieren. Dabei kommt es zwischen den SPVs entweder erneut zu einem True-Sale oder das emittierende SPV gewährt dem Intermediate-SPV ein Darlehen, welches mit den Assets besichert wird. Dies soll für das Erreichen eines sehr guten Ratings der emit-

Wegen dieser limitierten Zwecksetzung des SPV hat man für die Regelungen des Refinanzierungsregisters auch den Begriff der „Zweckgesellschaft" herangezogen. Dieser gehört im Übrigen in Finanzkreisen zum üblichen Sprachgebrauch und ist mit dem des SPV im Wesentlichen gleichzusetzen.[26] Die Zweckgesellschaft im Sinne der §§ 22a ff. KWG kann uneingeschränkt Gegenstände von einem oder mehreren Refinanzierungsunternehmen (oder Refinanzierungsmittlern) erwerben. Diesen Erwerb kann sie durch die Emission jeglicher Finanzinstrumente im Sinne des § 11 Abs. 1 KWG – d. h. nicht nur durch Schuldverschreibungen – oder auf sonstige Weise finanzieren, „soweit dies nicht aus der Natur der Sache unmöglich oder gemäß anderen gesetzlichen Bestimmungen unstatthaft ist".[27] Dabei wird ausdrücklich die Offenheit gegenüber neuen Formen der Refinanzierung betont.[28] Werden daneben noch andere Zwecke verfolgt, muss der der Refinanzierung den wesentlichen darstellen, damit die Zweckgesellschaft weiterhin eine solche im Sinne der §§ 22a ff. KWG bleibt.[29] Obwohl der Fokus des Gesetzgebers auf sog. True-Sale Transaktionen lag, ist es für die Qualifizierung als Zweckgesellschaft unerheblich, wenn diese neben True-Sale Transaktionen zusätzlich an sog. synthetischen Transaktionen[30] beteiligt ist.[31] Insbesondere gibt es laut Gesetzgeber keinerlei Vorgaben, in welchem Verhältnis diese Transaktionstypen zueinander stehen müssen.[32]

Die Zweckgesellschaft wird häufig nur für einen begrenzten Zeitraum, den der Transaktion, gegründet. Anders kann dies beispielsweise bei Zweckgesellschaften sein, die in Luxemburg gegründet werden. Diese können aufgrund der Möglichkeit einer sog. „Compartment Segregation" für mehrere Transaktionen genutzt werden.[33] Hierbei wird eine Gesellschaft in mehrere sog. „Compartments" aufgeteilt. Die Rechte der Investoren und Gläubiger sind auf das ihnen zugeteilte Compartment begrenzt. Die Zweckgesellschaft kann so auch bestehen bleiben, wenn eines oder mehrere Compartments liquidiert oder insolvent werden.[34]

---

tierten Wertpapiere ebenfalls ausreichen (Standard and Poor's Reverse Mortgage Criteria Report, 2004, S. 51 ff.).

26 Gesetzebegründung zu Nr. 2 b, S. 17.
27 Gesetzebegründung zu Nr. 2 b, S. 17.
28 Gesetzebegründung zu Nr. 2 b, S. 17.
29 Gesetzebegründung zu Nr. 2 b, S. 17.
30 Zu True-Sale und synthetischen Transaktionen vgl. A IV.
31 Gesetzebegründung zu Nr. 2 b, S. 17.
32 Gesetzebegründung zu Nr. 2 b, S. 17.
33 So etwa die Offering Circulars der Silver Arrow S. A., Compartment 1 und Compartment 2.
34 *PriceWaterhouseCoopers,* Structuring Securitisation Transactions in Luxembourg, S. 12.

Der Ort der Gründung richtet sich nach mehreren Faktoren. So muss das Land, in dem die Zweckgesellschaft ihren Sitz haben soll, eine reputierliche Rechtsordnung aufweisen und geographisch möglichst nah an dem des Refinanzierungsunternehmens liegen. Bei Crossborder-Transaktionen muss zwischen den Ländern zusätzlich ein Doppelbesteuerungsabkommen bestehen, so dass die Zweckgesellschaft nur einmal steuerlich veranlagt wird. Darüber hinaus muss die Zweckgesellschaft eine steuerneutrale Struktur aufweisen. Bei ABS-Transaktionen deutscher Refinanzierungsunternehmen erfolgte die Gründung der Zweckgesellschaft vorwiegend aus gewerbesteuerlichen Gründen meist im Ausland. Geeignete Länder waren in diesem Fall Irland und Luxemburg, da sie die obigen Kriterien am besten erfüllten.[35] Mit dem Kleinunternehmerförderungsgesetz aus dem Jahre 2003[36] ist das gewerbesteuerliche Hemmnis durch eine Änderung des § 19 GewStDV zumindest für Zweckgesellschaften weggefallen, die Forderungen oder Risiken von Kreditinstituten aus deren Kredit-, Diskont- oder Garantiegeschäft übernommen haben.[37] Diesbezüglich steht daher zu erwarten, dass zukünftig vermehrt Zweckgesellschaften in der Bundesrepublik Deutschland errichtet werden.[38]

Die Geschäftstätigkeit der Zweckgesellschaft wird auf ein Minimum reduziert, um die Kosten zu verringern und insolvenzrechtliche Risiken zu vermeiden.[39] Hierzu trägt auch eine Begrenzung auf die gesetzlich vorgeschriebenen Organe mit nur minimalen personellen Ressourcen bei.[40] Die Aufgaben der Geschäftsführung übernehmen deshalb meist Managementgesellschaften wie etwa Wirtschaftsprüfungsgesellschaften, die häufig ebenfalls als Treuhänder auftreten.[41] Verbleibende Bankgeschäfte werden in der Regel auf Kreditinstitute übertragen.

Einen wichtigen Aspekt im Hinblick auf bilanzielle Fragen stellen die Beteiligungsverhältnisse an der Zweckgesellschaft dar. Vor dem Hintergrund, dass eine ABS-Transaktion auch die Bilanz des Refinanzierungsunternehmens entlasten soll, wäre es hiermit nicht vereinbar, wenn das Refinanzierungsunternehmen

---

35 Irland vom 17.10.1962, BStBl. I 1964, 320, BGBl. II 1964, 266; Luxemburg vom 15.06.1973, BStBl. I 1978, 72, BGBl. II 1978, 109.
36 Artikel 3 und 4 Kleinunternehmerförderungsgesetz vom 31.97.2003, BGBl. I, S. 1550, 1551.
37 *Schmid/Dammer* BB 2003, 819, 820 f.
38 So etwa die Zweckgesellschaften Driver One GmbH, Driver Two GmbH und Driver Three GmbH, die jeweils Darlehensforderungen der VW Bank GmbH gekauft und verbrieft haben (siehe im jeweiligen Offering Circular).
39 Standard and Poor's Reverse Mortgage Criteria Report, 2004, S. 72 ff.
40 *Röchling*, Loan-Backed Securities, S. 29.
41 *Schultz*, Das SPV, S. 705; vgl. auch unter A III 3.

die Zweckgesellschaft konsolidieren müsste.[42] Das Refinanzierungsunternehmen müsste nicht nur die von ihm an die Zweckgesellschaft verkauften Vermögensgegenstände, sondern auch noch dessen Fremdverbindlichkeiten bilanzieren.[43] Deshalb wird jegliche Beteiligung des Refinanzierungsunternehmens und der strukturierenden Bank an der Zweckgesellschaft vermieden. Zudem werden keine Kontrollrechte gewährt.[44]

3. Der Sicherheitentreuhänder

Der Sicherheitentreuhänder (im folgenden „Treuhänder") hat zum einen Überwachungs- und Kontrollrechte gegenüber der Zweckgesellschaft und dem Servicer. Zum anderen strukturiert er, sofern dieser Aufgabenbereich nicht vom sog. „Cash Manager"[45] übernommen wird, die Zahlungsströme (nur bei sog. „Pay-Throughs"[46]) und leitet diese an die Investoren weiter. Hierzu werden die verkauften Forderungen und anderen Vermögenswerte regelmäßig an den Treuhänder abgetreten bzw. übertragen.[47] Unter Anwendung des Refinanzierungsregisters würden daher unter anderem die Übertragungsansprüche sowie die entsprechenden Registerpositionen[48] auf den Treuhänder übertragen.

Dies ermöglicht ihm, die Sicherheiten nicht nur im Falle des Konkurses der Zweckgesellschaft – wobei in diesem Fall die Sicherheiten möglicherweise zur Insolvenzmasse gehören[49] –, sondern auch des Refinanzierungsunternehmens zu verwerten.[50] Sofern es zu Unterbrechungen des Cash-Flows kommt, kann er die verfügbaren Creditenhancements und Liquiditätsfazilitäten nutzen. Die hier-

---

42 *Schultz*, Das SPV, S. 707.

43 *Schultz*, Das SPV, S. 708.

44 *Röchling*, Loan-Backed Securities, S. 29.

45 Vgl. unten A III 5 f).

46 Siehe zur Unterscheidung zwischen „Pay-Throughs" und „Pass-Throughs" weiter unten A V.

47 *Röchling*, Loan-Backed Securities, S. 34; *Möller* Die Sparkasse 1997, 86, 87; *Paul*, Bankenintermediation und Verbriefung, S. 163; Der Treuhänder wird vor allem von den Ratingagenturen verlangt; In einigen Fällen findet auch eine Verpfändung statt. Diese zieht gem. § 1280 BGB jedoch eine Verpfändungsanzeige an Schuldner nach sich, was wegen des Geheimhaltungsinteresses nicht gewollt ist. Im Folgenden soll allerdings nur von einer Übertragung ausgegangen werden; näheres zur Verpfändung aber unten im 3. Teil.

48 Die Registerposition ist die durch die ordnungsgemäße Eintragung im Refinanzierungsregister erlangte Rechtsposition des Übertragungsberechtigten. Diese umfasst u. a. das Aussonderungsrecht gem. § 22j Abs. 1 KWG i. V. m. § 47 InsO.

49 BGH NJW 1962, 1200, 1201.

50 *Torlinski*, Verbriefung, S. 41.

durch entstehenden Zahlungsströme kann er ebenfalls verwalten, strukturieren und an die Investoren weiterleiten.[51]

Die Überwachungs- und Kontrollrechte beziehen sich insbesondere auf den Bestand der Forderungen, die Einhaltung von kaufmännischen sowie Anmelde- und Rechnungslegungspflichten der Zweckgesellschaft und des Servicers. Hierüber erstellt er periodisch Berichte an die Investoren.[52]

Hat das Refinanzierungsunternehmen die Aufgabe des Servicers übernommen und gerät es in die Insolvenz, muss der Treuhänder zudem die Funktion des Servicers anstelle des Refinanzierungsunternehmens übernehmen können.[53] Eingehende Zahlungen der Forderungsschuldner erfolgen dann direkt an ihn.[54]

Als Treuhänder agieren derzeit überwiegend Wirtschaftsprüfungs- und Treuhandgesellschaften, in seltenen Fällen auch Kreditinstitute.[55] Dies könnte sich, wie noch zu zeigen sein wird, zumindest bei der Anwendung des Refinanzierungsregisters zugunsten der Kreditinstitute ändern. Denn für die Eintragung im Refinanzierungsregister müssen bestimmte Voraussetzungen auf Seiten des Einzutragenden gegeben sein.[56] Die Gesellschaften müssen das ihnen zu treuen Händen anvertraute Vermögen dabei auf gesonderten Konten oder in gesonderten Vermögensmassen verwalten, die eine Unterscheidung vom restlichen Vermögen des Treuhänders gewährleisten.[57] Agiert eine Gesellschaft als Treuhänder für mehrere Transaktionen, ist für jede einzelne Transaktion ein gesondertes Konto oder eine gesonderte Vermögensmasse zu bilden.[58] Um auch beim Treuhänder eine Konsolidierungspflicht zu vermeiden, bestehen zwischen diesem und der Zweckgesellschaft sowie dem Refinanzierungsunternehmen in der Regel keine gesellschaftsrechtlichen Beteiligungsverhältnisse.[59]

---

51 *Paul*, Bankenintermediation und Verbriefung, S. 163.
52 *Röchling*, Loan-Backed Securities, S. 34; *Bund*, Asset Securitisation, S. 32.
53 Standard and Poor's Reverse Mortgage Criteria Report, 2004, S. 84.
54 *Möller* Die Sparkasse 1997, 86, 88.
55 *Torlinski*, Verbriefung, S. 41.
56 Vergleiche unten: Wirtschaftsprüfungs- und Treuhandgesellschaften verfügen meist nicht über eine Banklizenz, die nach § 22d KWG jedoch Voraussetzung für die Eintragung als Übertragungsberechtigter ist.
57 Standard and Poor's Reverse Mortgage Criteria Report, 2004, S. 84.
58 Standard and Poor's Reverse Mortgage Criteria Report, 2004, S. 84.
59 Standard and Poor's Reverse Mortgage Criteria Report, 2004, S. 84.

4. Die Rating-Agenturen

Eine zentrale Rolle nehmen bei ABS-Transaktionen die Rating-Agenturen ein. Sie quantifizieren das mit den emittierten Wertpapieren verbundene Risiko für die Investoren. Hierzu geben sie ein Qualitätsurteil über die Sicherungsstruktur für die Wertpapiere und eine Bonitätsprognose hinsichtlich der an der Transaktion beteiligten Parteien ab.[60] Die Rating-Agenturen werden daher schon frühzeitig in die Transaktionsplanung mit einbezogen. So haben sie einen maßgeblichen Anteil an der Strukturierung und können entscheidende Hinweise geben, um der Transaktion mit einem guten Rating zum Erfolg zu verhelfen. Denn erst ein gutes Rating sorgt für die nötige Akzeptanz der emittierten Wertpapiere am Kapitalmarkt. Dies ist notwendig, um die Kosten der Emission aufgrund einer niedrigeren Verzinsung der Wertpapiere zu reduzieren.

Zur Beurteilung einer Emission werden regelmäßig auch nicht nur eine, sondern zwei bis drei Rating-Agenturen herangezogen. Momentan sind dies hauptsächlich Moody's Investors Service, Standard & Poor's und Fitch Ratings als größte Agenturen mit entsprechend hoher Marktakzeptanz.[61] Zwar besitzen alle Agenturen eine unterschiedliche Herangehensweise bei der Beurteilung einer Emission. Sie haben sich jedoch allesamt bewährt und können einen besonders hohen Grad an Objektivität und Qualität ihrer Bewertungs- und Analyseinstrumente vorweisen.[62] Aus Investorensicht bedeutet diese diversifizierte Herangehensweise ein Mehr an Sicherheit. Denn im Ergebnis gleiche Ratingurteile, die auf unterschiedlichen Ratingmethoden beruhen, sind ein Beweis für die Richtigkeit der einzelnen Ratingurteile. Sie sprechen daher für die Qualität der gerateten ABS-Transaktion. Dass sich die Investoren auf die Ratingurteile verlassen können müssen, wird dadurch deutlich, dass sie meist selbst nicht die Hintergrundinformationen und das Wissen besitzen, um eine Emission sachgerecht bewerten zu können.

5. Die weiteren Beteiligten einer ABS-Transaktion

Neben den genannten gibt es noch weitere Beteiligte an einer ABS-Transaktion, deren Bedeutung keineswegs gering ist. Sie tauchen aber entweder je nach Strukturierung nicht in jeder Transaktion auf oder ihnen kommt im Rahmen dieser Arbeit kein besonderes Gewicht zu.

---

60   Siehe zu den Kriterien des Ratingprozesses unten C II 1.
61   *Röchling*, Loan-Backed Securities, S. 51.
62   Zu den Bewertungs- und Analyseinstrumenten siehe *Röchling*, Loan-Backed Securities, S. 51.

a) Der Emittent

Da die Zweckgesellschaft aus den oben genannten Gründen[63] ihre Geschäftstätigkeit auf ein Minimum reduziert hat, beauftragt sie in der Regel eine Universal- oder Investmentbank, die Wertpapieremission durchzuführen und die Wertpapiere zu platzieren. Denn diese Banken verfügen über die für eine solche Emission notwendige Expertise und Infrastruktur. Die Wertpapiere werden in der Regel allerdings durch die Zweckgesellschaft selbst im eigenen Namen emittiert. Sie tritt daher als Emittent auf und die Universal- oder Investmentbank agiert nur im Hintergrund. Nur bei Immobilienverbriefungen und sog. Multi-Seller-Strukturen wird eigens für die Emission eine zusätzliche Zweckgesellschaft gegründet, die die Wertpapiere in ihrem eigenen Namen emittiert. Dabei kauft sie die Assets von der Zweckgesellschaft, so dass diese den eigenen Kauf der Assets vom Refinanzierungsunternehmen finanzieren kann. Alternativ gewährt sie ihr ein Darlehen und die Assets werden auf einen gemeinsamen Treuhänder zur Sicherheit übertragen.[64]

b) Der Arrangeur der Transaktion

Für den Fall, dass das Refinanzierungsunternehmen die Transaktion nicht selbst strukturieren kann, da es sich beispielsweise nicht um eine Bank handelt, überlässt es diese Aufgabe einem Dritten, dem Arrangeur. Dieser ist in der Regel eine Investmentbank oder die Investmentbankingabteilung einer Universalbank.[65] Der Arrangeur gründet und verwaltet die Zweckgesellschaft, führt bei dem Refinanzierungsunternehmen eine Due Diligence durch und wählt die für die Transaktion in Frage kommenden Vermögensgegenstände aus. Zusätzlich übernimmt der Arrangeur häufig die Emission der Wertpapiere.

c) Die Investoren

Jede Transaktion verläuft nur erfolgreich, wenn sich genügend Investoren für die emittierten Wertpapiere finden. Dies sind bei ABS-Transaktionen meist institutionelle Anleger wie etwa Versicherungen, Fondsgesellschaften, Banken und Pensionsfonds.[66] Die Investoren nutzen dabei die sich bei ABS ergebenden Vorteile gegenüber herkömmlichen Anleihen (z. B. Bank- oder Staatsschuldverschreibungen). Hierzu zählt etwa eine höhere Verzinsung bei gleicher Laufzeit

---

63 Siehe oben A III 2.
64 *Rinze/Klüwer* BB 1998, 1697, 1698.
65 *Röchling*, Loan-Backed Securities, S. 32.
66 *Röchling*, Loan-Backed Securities, S. 30; *Abrahams* in Fabozzi, The Handbook of Mortgage-Backed Securities, S. 35 ff.

und gleichem Rating, das meist von mehreren unabhängigen Rating-Agenturen erstellt wurde. Daneben weisen ABS auch eine andere Risikostruktur auf als herkömmliche Anleihen. Letztere stellen auf die Bonität des Schuldners der Anleihen ab, während bei ABS die Zweckgesellschaft, d. h. die Schuldnerin der Anleihen, insolvenzfern ausgestaltet ist und sich einzig die Risiken aus den die Wertpapiere absichernden Forderungen verwirklichen können. ABS bergen durch ihre eingeschränkte Fungibilität und das sog. Prepayment-Risk[67] aber auch erhebliche Risiken.

d) Der Servicer

Der bereits oben[68] erwähnte Servicer zieht die verkauften Forderungen ein und übernimmt das Mahnwesen sowie die Debitorenbuchhaltung. Als Servicer fungiert das Refinanzierungsunternehmen in der Regel selbst. Wegen der bestehenden Kundenbeziehungen zu den Drittschuldnern und der vorhandenen Infrastruktur ist es hierzu praktisch und technisch am besten in der Lage. Der Zweckgesellschaft fehlt hierfür regelmäßig die erforderliche personelle und sachliche Ausstattung.[69] Die generierten Zahlungsströme leitet der Servicer schließlich an den Cash Manager[70] oder den Treuhänder weiter. Für seine Tätigkeit erhält er die sog. Servicing-fee.

e) Der Swap-Provider

Die Beteiligten einer ABS-Transaktion müssen sich unter anderem auch gegen Zins- und, sofern die Transaktion währungsübergreifend ist, gegen Währungsrisiken absichern. Zu diesem Zweck werden überwiegend sog. Swap-Verträge mit Dritten, meist Banken, eingegangen.[71] Grundlage der Vereinbarung ist beispielsweise der Standardvertrag der International Swaps and Derivatives Asso-

---

67 Als Prepayment-Risk wird das Risiko einer vorzeitigen Rückzahlung beispielsweise von Darlehensforderungen bezeichnet (*Kürn*, MBS, S. 90). Problematisch ist die vorzeitige Rückzahlung, da sich die ausgegebenen Wertpapiere an den Zahlungsströmen, insbesondere an den Zinszahlungen auf die Darlehensforderungen orientieren und diese bei vorzeitiger Darlehensrückzahlung wegfallen. Der Cash-Flow reicht deshalb nicht mehr aus, um die emittierten Wertpapiere zu bedienen. Die Zweckgesellschaft muss sich auch gegen dieses Risiko etwa mit einer Swap-Vereinbarung oder einer alternativen Anlage des Rückzahlungsbetrags absichern.

68 Vgl. oben A III 1.

69 *Gehring*, ABS, S. 17.

70 Siehe hierzu unten A III 5 f).

71 So beispielsweise die Royal Bank of Scotland (www.investors.rbs.com/investor-relations/securitisation/general.cfm).

ciation (ISDA), das „ISDA Master Agreement 2002".[72] Dieser Vertrag weist insbesondere durch die Möglichkeit der freien Rechtswahl ein hohes Maß an Flexibilität und Marktakzeptanz auf.[73]

Ein Swap-Vertrag kann beispielsweise zur Absicherung gegen das Prepayment-Risk abgeschlossen werden. Dieser könnte bestimmen, dass die Emittentin an jedem Zinszahlungstag der Wertpapiere von der Swap-Vertragspartei eine Zahlung erhält, die dem rechnerischen Betrag der Zinszahlungen auf die Wertpapiere entspricht. Als Gegenleistung müsste die Emittentin die Zins- und Tilgungsleistungen der Schuldner auf die im Portfolio liegenden Forderungen sowie eine Prämie an die Swap-Vertragspartei weiterleiten. Hierdurch wären die Zinszahlungen an die Investoren gesichert und das Prepayment-Risk auf die Swap-Vertragspartei verlagert.

f)   Der Cash Manager

Sofern nicht der Treuhänder die Zahlungsströme verwaltet und an die Investoren weiterleitet, übernimmt üblicherweise ein sog. „Cash Manager" dieses Zahlungsstrommanagement. Zu seinen Aufgaben gehört auch die Inanspruchnahme der Creditenhancements und Liquiditätsfazilitäten. Als Cash Manager agieren regelmäßig größere Kreditinstitute.[74]

Das Zahlungsstrommanagement richtet sich nach sog. „cash-flow waterfall structures".[75] Hierbei handelt es sich um vorgegebene Strukturen, die unter anderem die Reihenfolge festlegen, nach der der Cash Manager die Ansprüche der Beteiligten einer ABS-Transaktion zu bedienen hat. Die „waterfall structures", die im Deutschen auch als „Kaskadenstrukuren" bezeichnet werden, stellen für die Investoren ein wichtiges Mittel zur Risikoklassifizierung der ABS-Transaktion dar. Aus ihnen ist ersichtlich, welchen Rang der einzelne bei der Bedienung von Ansprüchen einnimmt und wie viel Liquidität zu diesem Zeitpunkt voraussichtlich noch vorhanden sein wird. Je später die Ansprüche der Investoren danach bedient werden, desto größer ist die Wahrscheinlichkeit eines Zahlungsausfalls.

---

72   www.isda.org.
73   *Rinze/Klüwer* BB 1998, 1697, 1700.
74   So beispielsweise die Royal Bank of Scotland (www.investors.rbs.com/investor-relations/securitisation/ general.cfm).
75   *Batchvarov* in Fabozzi, The Handbook of Mortgage-Backed Securities, S. 157 ff.

Als erstes werden in der Regel die Ansprüche auf Zahlung von Gebühren beispielsweise des Treuhänders, der Rating-Agenturen und des Servicers erfüllt.
Als nächstes werden die Ansprüche der Swap-Provider und ein Teil der Ansprüche im Zusammenhang mit den Creditenhancements und den Liquiditätsfazilitäten bedient. Erst danach kommt es zu Zahlungen an die Investoren, wobei für
die Rangfolge der Zahlungen die Priorität der jeweiligen Wertpapiertranche
maßgeblich ist. Als letztes werden schließlich die Ansprüche derjenigen Beteiligten bedient, die Creditenhancements oder Liquiditätsfazilitäten in Form von
nachrangigen Darlehen (sog. „subordinated loans") zur Verfügung gestellt haben.[76]

Es existieren grundsätzlich zwei Arten von Kaskadenstrukturen, wobei häufig
auch eine Kombination beider vorgesehen ist.

Dies ist zunächst der sog. „combined waterfall". Hierbei werden die auf die von
der Zweckgesellschaft gekauften Forderungen eingehenden Zins- und Tilgungsleistungen der Drittschuldner gepoolt und es gibt nur eine einzige Rangfolge,
nach der die Ansprüche aller Beteiligten bedient werden.[77]

Bei dem sog. „split waterfall" werden die auf die von der Zweckgesellschaft gekauften Forderungen eingehenden Zins- und Tilgungsleistungen der Drittschuldner getrennt und es existieren zwei unterschiedliche Rangfolgen für die
beiden Zahlungsströme.[78] Der aus den Tilgungsleistungen folgende Zahlungsstrom dient üblicherweise dazu, die aus den emittierten Wertpapieren entstande-
nen Kapitalforderungen der Investoren zu bedienen. Hingegen werden mit dem
Zinszahlungsstrom die anderen bereits oben genannten Ansprüche bedient, wie
etwa die Gebührenansprüche des Treuhänders und des Servicers, die Ansprüche
des Swap-Providers, die Ansprüche im Zusammenhang mit den Creditenhancements und Liquiditätsfazilitäten sowie die Zinsansprüche der Investoren.[79] Die
Zahlungsströme werden dabei nicht immer strikt getrennt. Vielmehr wird häufig
der Tilgungszahlungsstrom zunächst dazu verwendet, um Ausfälle bei den Ansprüchen abzudecken, die aus dem Zinszahlungsstrom bedient werden sollen.
Dies ist selbstverständlich auch andersherum möglich.[80]

---

76 *Batchvarov* in Fabozzi, The Handbook of Mortgage-Backed Securities, S. 158.
77 *Batchvarov* in Fabozzi, The Handbook of Mortgage-Backed Securities, S. 158.
78 *Batchvarov* in Fabozzi, The Handbook of Mortgage-Backed Securities, S. 158.
79 *Batchvarov* in Fabozzi, The Handbook of Mortgage-Backed Securities, S. 158.
80 *Batchvarov* in Fabozzi, The Handbook of Mortgage-Backed Securities, S. 159.

V. Transaktionsarten

ABS-Transaktionen werden im Wesentlichen als synthetische und sog. „True-Sale" Transaktionen durchgeführt.

Bei einer synthetischen Transaktion – am Beispiel einer forderungsunterlegten Emission – werden nicht die Forderungen selbst, sondern nur deren Ausfallwahrscheinlichkeit auf die Zweckgesellschaft übertragen. Sie hat deshalb beim Eintritt eines vorher bestimmten Kreditereignisses an das Refinanzierungsunternehmen einen Ausgleich in Höhe des Ausfallbetrags zu zahlen. Diese Ausgleichszahlungen leistet die Zweckgesellschaft üblicherweise aus Zinseinnahmen, die sie aus einem Sicherheitenpool generiert hat. Dieser Sicherheitenpool besteht beispielsweise aus Staatsanleihen oder Pfandbriefen, die die Zweckgesellschaft wiederum mit dem aus der Wertpapieremission erlangten Geld erworben hat und deren Zinserträge hauptsächlich dazu dienen, die Zinsansprüche der Investoren zu befriedigen.[81] Als Gegenleistung für die Ausgleichszahlungen erhält die Zweckgesellschaft von dem Refinanzierungsunternehmen eine einmalige oder wiederkehrende Prämie. Diese orientiert sich an der Kreditwürdigkeit des Forderungsschuldners. Die Vereinbarung zwischen dem Refinanzierungsunternehmen und der Zweckgesellschaft ist deshalb als Kreditderivat in Form eines Credit Default Swaps zu klassifizieren.[82]

Bei „True-Sale"-Transaktionen hingegen wird ein Pool von Forderungen an die Zweckgesellschaft verkauft und vollwirksam auf diese übertragen. Mit den Forderungen geht deshalb auch das Bonitätsrisiko der Schuldner vollständig auf die Zweckgesellschaft über. Sie muss die Forderungen folglich bilanzieren, während die Bilanz des Refinanzierungsunternehmens von den Forderungen entlastet wird. Da sich die Forderungen im Vermögen der Zweckgesellschaft befinden, sind diese durch die Gegenleistung der Zweckgesellschaft in Form des Kaufpreises mangels Anfechtungsmöglichkeit gemäß § 142 InsO auch von einer möglichen Insolvenz des Refinanzierungsunternehmens unabhängig. Etwas anderes kann sich nur dann ergeben, wenn wegen des Übergangs des Bonitätsrisikos die – regelmäßig vereinbarten – Kaufpreisabschläge sehr hoch sind. Der Forderungskauf kann dann einer Darlehensgewährung durch die Zweckgesellschaft gleich kommen und die Forderungen danach nur als „zur Sicherheit abge-

---

81 *Röchling*, Loan-Backed Securities, S. 194.
82 *Pannen/Wolff* ZIP 2006, 52, 53; *Brandt* BKR 2002, 243 ff.; *Stiller* ZIP 2004, 2027, 2028; *Böhm* BB 2004, 1641, 1643; *Litten/Cristea* WM 2003, 213, 214.

treten" gelten.[83] In diesem Fall kann es zu einem Insolvenzverwalterwahlrecht nach § 103 InsO kommen.

Im Folgenden werden ausschließlich „True-Sale" Transaktionen untersucht, da die Regelungen der §§ 22a ff. KWG hauptsächlich für diese Art von Transaktionen bedeutend sind.

VI. Die emittierten Wertpapiere

Die emittierten Wertpapiere lassen sich im Wesentlichen in sog. „Pass-Through" Securities und „Pay-Through" Securities aufteilen. Der Unterschied liegt in der Art und Weise, wie die aus den Forderungen generierten Zahlungsströme durchgeleitet werden.

Liegt der Transaktion eine Pass-Through Struktur zugrunde, werden die Zahlungen der Forderungsschuldner unmittelbar an die Investoren weitergeleitet. Die Zahlungsfrequenz hängt dabei unmittelbar mit den Zins- und Tilgungsleistungen auf die Forderungen im Forderungspool zusammen. Zahlen die Forderungsschuldner beispielsweise monatlich, werden diese Zahlungen im gleichen Rhythmus an die Investoren weitergegeben. Eine Pass-Through Konstruktion bedeutet aber auch, dass die Investoren sämtliche mit dem Forderungspool zusammenhängenden Risiken tragen, insbesondere das Prepayment Risk. Da neben den planmäßigen Zins- und Tilgungsleistungen häufig vorzeitige Rückzahlungen der Forderungen aus dem Pool durch die Forderungsschuldner erfolgen, ist es besonders schwierig, die durchschnittliche Laufzeit (Duration) und Verzinsung von Pass-Through Securities zu bestimmen.[84] Werden Forderungen schneller als erwartet zurückgezahlt, verkürzt sich deshalb entsprechend auch die Duration. Die erwartete Laufzeit des Wertpapiers kann deshalb von der tatsächlichen abweichen und der Investor ist gezwungen, in eine alternative Anlage – möglicherweise mit geringerer Verzinsung – zu investieren. Um dieses Risiko abzumildern, aber auch um das Interesse einer breiteren Schicht von Investoren zu erlangen und die Papiere unabhängig von den Laufzeiten und dem Zahlungsstrom der zugrunde liegenden Forderungen auszugestalten[85], werden die Wertpapiere üblicherweise in verschiedenen Tranchen an den Kapitalmarkt begeben. Dies können etwa eine „Junior" und eine „Senior" Tranche sein. Die Wertpapiere der Senior Tranche sind mit einem höheren Risiko verbunden, im Gegenzug

---

83   BGHZ 100, 353, 358 ff.; *Pannen/Wolff* ZIP 2006, 52, 55; *Obermüller* in Festschrift Kreft, 2004, 427,429; *Fleckner* ZIP 2004, 585, 593.
84   *Torlinski*, Verbriefung, S. 45.
85   *Kürn*, MBS, S. 41.

aber auch höher verzinst.[86] Die Tranchen sind wegen der Risikoverteilung mit verschiedenen Prioritäten ausgestattet. So wird zuerst die Junior Tranche aus den Zahlungen der Forderungsschuldner vollständig bedient und erst danach die Senior Tranche.[87] Dies hat zur Folge, dass Unterbrechungen des Zahlungsstroms sowie Laufzeit- und Zinsabweichungen normalerweise nur bei der Senior Tranche zu erwarten sind.

Pass-Through Securities kommen heutzutage in Deutschland in Form von Fondszertifikaten vor. Diese verkörpern einen Miteigentumsanteil an einem treuhänderisch gebundenen Fondsvermögen, das aus dem vom Refinanzierungsunternehmen erworbenen Forderungspool besteht.[88] Die Zertifikate gewähren deshalb keine Forderungen gegenüber der Zweckgesellschaft.[89]

Bei „Pay-Through" Strukturen werden vom Emittenten bzw. der Zweckgesellschaft Anleihen (bspw. Schuldverschreibungen) mit festen Zins- und Tilgungsterminen emittiert. Dies wird auch als Anleihekonzept bezeichnet.[90] Die Auszahlung zu vorbestimmten Terminen setzt ein aktives Zahlungsstrommanagement durch die Zweckgesellschaft bzw. den Cash Manager oder den Treuhänder voraus. Dabei werden die aus dem Forderungspool eingehenden Zahlungen der Forderungsschuldner gesammelt und umstrukturiert. Insbesondere können ungleiche Ein- und Auszahlungen aufeinander abgestimmt werden. Die gesammelten Beträge kann die Zweckgesellschaft auf verschiedene Weise nutzen. Sie kann sie beispielsweise bis zum Auszahlungszeitpunkt in andere kurzfristige Anlagen investieren, auf zinstragenden Konten anlegen oder zum Kauf neuer Forderungen aufwenden. Die vorherige Festlegung von Zinszahlungs- und Tilgungsterminen bedeutet aber auch, dass die Zweckgesellschaft neben dem Prepayment Risk das Reinvestitionsrisiko trägt. Letzteres ist das Risiko, dass Gelder nur zu schlechteren Konditionen wiederangelegt werden können. Sie muss deshalb Vorkehrungen treffen, damit vorzeitige Rückzahlungen der Forderungsschuldner und daraus resultierende Zinsausfälle die Zahlungsströme an die Investoren nicht negativ beeinflussen. Hierzu eignet sich der Abschluss eines sog. Guaranteed Investment Contracts (GIC). Dabei verpflichtet sich ein Dritter, meist eine Bank, Gelder zu vorab bestimmten Konditionen anzunehmen und entsprechend zu verzinsen.[91] Hierdurch kann das Reinvestitionsrisiko für die Zweckgesellschaft zumindest teilweise reduziert werden.

---

86 Offering Circular der Silver Arrow S. A. Compartment 2, S. 17, 60.

87 *Kürn*, MBS, S. 159.

88 *Benner* Betriebswirtschaftliche Forschung und Praxis 1998, 408.

89 *Torlinski*, Verbriefung, S. 44.

90 *Röchling*, Loan-Backed Securities, S. 15; *Torlinski*, Verbriefung, S. 46.

91 *Röchling*, Loan-Backed Securities, S. 15 ff.

Auch bei Pay-Through Strukturen können aus den oben genannten Gründen (Ansprechen einer breiteren Schicht von Investoren; Verlagerung von Risiken) verschiedene Tranchen von Anleihen mit unterschiedlichen Prioritäten und Laufzeiten sowie festen oder variablen Zinssätzen begeben werden.

Pay-Through Papiere weisen in der Regel eine geringere Verzinsung auf als Pass-Through Papiere, da mehr Risiken auf die Zweckgesellschaft verlagert werden und höhere Kosten für das Zahlungsstrommanagement entstehen. Dafür kann die Transaktion durch das Zahlungsstrommanagement besser auf die Bedürfnisse der Investoren abgestimmt werden.

Auf dem europäischen Kapitalmarkt überwiegen Pay-Through Strukturen, wogegen Pass-Through Strukturen meist bei MBS-Transaktionen amerikanischer Emittenten oder bei der Verbriefung von Forderungen der Automobilbranche zu finden sind.[92]

VII. MBS als besondere Form von ABS

Eine besondere Form der ABS stellen sog. „Mortgage-Backed Securities" (MBS) dar. Im wörtlichen Sinne bedeutet „Mortgage" Grundpfandrecht. Eine MBS-Transaktion ist daher eine Transaktion, bei der der Zweckgesellschaft ein grundpfandrechtlich gesicherter Forderungspool als Deckungsmasse zur Verfügung steht. Im deutschen Recht bedeutet dies, dass drei verschiedene Arten von Grundpfandrechten möglich sind. Dies sind die Hypothek, die Grundschuld und die Rentenschuld. Da letztere in der Praxis äußerst selten vorkommt, soll auf sie nicht weiter eingegangen werden.

Die größte Bedeutung kommt heutzutage der Grundschuld zu. Sie bietet gegenüber der akzessorischen Hypothek den entscheidenden Vorteil, dass sie gemäß § 1191 BGB unabhängig von der zu sichernden Forderung besteht. Dies bedeutet, dass die Grundschuld – im Gegensatz zur Hypothek – zur Sicherung wechselnder, auch zukünftiger Forderungen bestellt werden kann. Eine entsprechende Eintragung im Grundbuch ist nicht erforderlich. Insbesondere eignet sich die Grundschuld bei einer vom Darlehensnehmer angestrebten Umschuldung bzw. Anschlussfinanzierung. Darüber hinaus können aber auch sonstige geldwerte Ansprüche, etwa auf Provisionen oder Prämien, in den Haftungsverband der Grundschuld mit einbezogen werden.

---

92 *Röchling*, Loan-Backed Securities, S. 15; *Emse*, Verbriefungstransaktionen, S. 17; Standard and Poor's Reverse Mortgage Criteria Report, 2004, S. 27.

Wegen dieser erhöhten Flexibilität hat sich die Grundschuld in den letzten Jahren immer mehr gegenüber der Hypothek durchgesetzt. Insbesondere Banken bevorzugen die Grundschuld. Zudem hat das Gesamtvolumen grundpfandrechtlich besicherter Kredite deutscher Banken in den letzten Jahren von 917,418 Milliarden € (1. Quartal 2000) auf 1177,542 Milliarden € (4. Quartal 2006) zugenommen.[93] Dies ist ein Zuwachs von 12,8 %. Diese Zahlen belegen eindeutig, welche Bedeutung den MBS gerade vor dem Hintergrund der neuen Eigenkapitalbestimmungen für Kreditinstitute aus der Vereinbarung „Basel II" zukommen wird. Um negative bilanzielle Auswirkungen des immer weiter steigenden Volumens grundpfandrechtlich besicherter Kredite zu vermeiden und um eine konkurrenzfähige Eigenkapitalrendite zu erreichen, werden die Kreditinstitute in erhöhtem Maße auf MBS zurückgreifen müssen, um ihre Bilanz zu bereinigen.

Es hat sich auch gezeigt, dass der Markt die Buchgrundschuld gegenüber der Briefgrundschuld bevorzugt. Zwar bedarf die Übertragung der Buchgrundschuld der Einigung und kostenträchtigen Eintragung in das Grundbuch (vgl. § 873 Abs. 1 BGB), während die Briefgrundschuld durch bloße Einigung, schriftliche Erteilung der Abtretungserklärung und Übergabe des Grundschuldbriefes übertragen werden kann (vgl. §§ 1192, 1154 Abs. 1 S. 1, 1117 BGB). Diese Vorteile hinsichtlich des Kosten- und Verwaltungsaufwands scheinen sich jedoch nicht zugunsten der Briefgrundschuld ausgewirkt zu haben, da sie nur noch sehr selten bestellt wird.[94] Vielmehr ist die Ausstellung der Briefe (§ 71 KostO) sowie ihre Aufbewahrung und Verwaltung auf lange Sicht teurer als die Eintragung einer Buchgrundschuld. Zudem bedarf es beim Verlust des Briefes einer zeit- und kostenträchtigen Kraftloserklärung im Wege des Aufgebotsverfahrens gemäß § 1192 Abs. 1, § 1162 BGB[95] in Verbindung mit den §§ 946 ff., 1003 ff. ZPO.[96] Diese Entwicklung entspricht letztlich auch dem Ziel der Entmaterialisierung des Kapitalmarktes, wonach versucht wird, die Zahl der „effektiven" Urkunden weitestgehend zu verkleinern.[97]

---

93 Zeitreihe pq3013 der Deutschen Bundesbank: Gesamte Hypothekarkredite (mit einer Laufzeit von mehr als 5 Jahren) deutscher Banken an inländische Unternehmen und Privatpersonen.

94 *Fleckner* ZIP 2004, 588; *Stöcker* Die Bank, 55, 57; a. A. *Baur/Stürner*, Sachenrecht, § 44 Rz. 5 – bei kurz- und mittelfristigen Krediten sollen die Briefgrundschulden überwiegen.

95 *Bassenge* in Palandt, BGB, § 1162 Rn. 3; *Eickmann* in Münchener Kommentar, BGB, § 1162 Rn. 20; *Konzen* in Soergel, BGB, § 1162 Rn. 1; *Wolfsteiner* in Staudinger, BGB, § 1162 Rn. 15.

96 *Fleckner* ZIP 2004, 588.

97 *Kümpel*, Bank- und Kapitalmarktrecht, Rn. 11.225 ff.; *Seibert* DB 1999, 267, 269; *Fleckner* ZIP 2004, 588.

Aufgrund der Abhängigkeit der Grundpfandrechte von den Entwicklungen des Immobilienmarktes, sind bei einer MBS-Transaktion besondere Anforderungen an die Struktur des Forderungspools zu stellen. So sollten insbesondere die Schuldner privater Wohnungsbaukredite regional möglichst breit gestreut sein.[98] Regional negative Entwicklungen des Immobilienmarktes wirken sich dann nur auf einen Teil der die Forderungen besichernden Grundpfandrechte aus. Die Bonität des Forderungsportfolios bliebe somit erhalten. Bei gewerblichen Krediten sollten sich die Grundpfandrechte zusätzlich auf unterschiedliche Objektgruppen beziehen. Deshalb sollten neben Büro- und Verwaltungsgebäuden beispielsweise auch Hotels und Gaststättengebäude als Sicherheit der im Forderungspool befindlichen Darlehensforderungen dienen.[99] Hierdurch können negative Marktentwicklungen bezüglich einzelner Objektgruppen kompensiert werden.

B. Die Treuhand

Um ein sehr gutes Rating der bei einer ABS-Transaktion emittierten Anleihen zu erzielen, muss eine besonders hohe Insolvenzfestigkeit der Zweckgesellschaft erreicht werden. Dies versucht man in der Regel dadurch sicherzustellen, dass jegliches operatives Risiko der Zweckgesellschaft ausgeschaltet wird. So hängt deren Solvenz einzig von den zur Verfügung stehenden Assets ab. Die operativen Risiken werden dadurch ausgeschaltet, dass die Zweckgesellschaft nur mit den nötigsten Organen ausgestattet und ihr tägliches Geschäft auf ein Minimum reduziert wird.[100] Hierzu werden die anfallenden Tätigkeiten und Geschäfte auf Kreditinstitute und Managementgesellschaften ausgelagert. Durch entsprechende sehr detaillierte Verträge werden die notwendigen Managemententscheidungen im Voraus getroffen. Der Entscheidungsspielraum der Verwaltungsgesellschaften wird so nahezu auf Null reduziert. Hierdurch werden die unternehmerischen Chancen und Risiken minimiert. Die Verwaltung der Assets und der daraus resultierenden Zahlungsströme wird ebenfalls ausgelagert. Die Assets werden dabei üblicherweise auf den Treuhänder der Zweckgesellschaft übertragen.[101] Dem Treuhänder obliegen dann die schon oben[102] genannten Funktionen.

---

98 *Abelman* Real Estate Law Journal 1985, S. 137.
99 *Kürn*, MBS, S. 70.
100 *Schultz*, SPV, 705, 706; Standard and Poor's Reverse Mortgage Criteria Report, 2004, S. 72 f.
101 *Rinze/Klüwer* BB 1998, 1697, 1698; Allerdings können Transaktionen auch ohne Zweckgesellschaft durchgeführt werden, siehe Offering Circular zur Transaktion „GELT 2002-1", S. 6; Handelt es sich bei der Zweckgesellschaft und dem Emittenten nicht um

Als Verwalter der als Deckungsmasse dienenden Assets kommt ihm daher bei ABS-Transaktionen eine entscheidende Bedeutung zu.

Im Folgenden sollen die Voraussetzungen der Treuhand und die Einbindung des Treuhänders in ABS-Transaktionen erläutert und die derzeitigen Probleme in diesem Bereich aufgezeigt werden.

I. Der Begriff, das Wesen und die Rechtsnatur der Treuhand

Die Treuhand stellt keinen allgemein anerkannten Rechtsbegriff dar.[103] Vielmehr bezeichnet sie nur das durch schuldrechtliche Vereinbarungen konkretisierte Rechtsverhältnis zwischen dem Treugeber und dem Treunehmer. Nach deren Maßgabe macht der Treunehmer von den ihm treuhänderisch übertragenen Vermögensrechten oder der ihm treuhänderisch eingeräumten Verfügungsmacht Gebrauch.

Das der Treuhand zugrunde liegende schuldrechtliche Verhältnis ist in der Regel ein Auftrag oder ein Geschäftsbesorgungsvertrag.[104] Allerdings schafft das Treuhandverhältnis darüber hinaus zusätzlich gewisse Treuhandrechte und -pflichten. Auch begründet nicht jeder Auftrag oder Geschäftsbesorgungsvertrag ein Treuhandverhältnis. Hat der Beauftragte einen Gegenstand erworben, ist er lediglich gem. § 667 BGB zur Herausgabe verpflichtet. Zudem ist für die treuhänderische Übertragung von Vermögensrechten charakteristisch, dass im Außenverhältnis eine über die schuldrechtlichen Vereinbarungen im Innenverhältnis hinausgehende Verfügungsmacht des Treuhänders über das Treugut besteht.[105]

Da das Verhältnis zwischen dem Treuhänder und dem Treugeber grundsätzlich durch die schuldrechtliche Treuhandabrede bestimmt wird, ist die Treuhand ihrer Rechtsnatur nach ein Vertrag. Einen typischen Treuhandvertrag gibt es aufgrund der vielen unterschiedlichen Treuhandvarianten allerdings nicht.[106] Zusätzlich wird häufig noch das Eigentum an dem Treugut auf den Treuhänder übertragen. In diesem Fall werden durch die Treuhand gewisse dingliche Wir-

---

dieselbe Gesellschaft, werden die Assets üblicherweise auf einen gemeinsamen Treuhänder übertragen.
102 Siehe oben A III 3.
103 *Ganter* in Münchener Kommentar, InsO, § 47 Rn. 355; *Schramm* in Münchener Kommentar, BGB, Vor 164 Rn. 28; *Gernhuber* JuS 1988, 355; *Leptien* in Soergel, BGB, Vor § 164 Rn. 49.
104 *Ganter* in Münchener Kommentar, InsO, § 47 Rn. 355.
105 BGH NJW 2004, 1382.
106 BGH BB 1977, 10.

kungen hervorgerufen. Insbesondere entsteht für den Treugeber in der Insolvenz des Treuhänders ein Aussonderungsrecht gem. § 47 InsO.[107]

Ob dieses Aussonderungsrecht aufgrund der dinglichen Wirkungen der Treuhand entstanden oder Folge der schuldrechtlichen Treuhandabrede ist, wird unterschiedlich beurteilt. Die Rechtsprechung[108] und gewichtige Stimmen in der Literatur[109] nehmen an, dass das Treugut trotz der Übertragung des Eigentums „wirtschaftlich und materiellrechtlich" dem Vermögen des Treugebers zuzurechnen ist. *Gottwald* spricht insoweit sogar von einer „dinglichen" Zuordnung.[110] Andere Ansichten in der Literatur[111] gehen von einer „schuldrechtlichen" Aussonderungsberechtigung aus und gestehen der Treuhandabrede „quasi-dingliche Wirkung" zu.

Richtigerweise wird man nicht von einer Aussonderungsberechtigung allein kraft schuldrechtlicher Berechtigung ausgehen können. Das Aussonderungsrecht nach § 47 InsO entsteht nicht durch schuldrechtliche Vereinbarungen, sondern weil ein Vermögensrecht – hier das Eigentum am Treugut – dem Vermögen einer anderen Person zuzuordnen ist. Andernfalls wäre es ein leichtes, sich durch bestimmte bloß schuldrechtliche Vereinbarungen ein Aussonderungsrecht für den Fall der Insolvenz zu „beschaffen". Das Aussonderungsrecht entsteht hier also nicht (allein) durch die schuldrechtliche Treuhandabrede, sondern zumindest (auch) aufgrund der wirtschaftlichen Zuordnung des Treuguts zum Vermögen des Treugebers als Folge der treuhänderischen Vermögensübertragung.

Der Annahme einer „materiellrechtlichen Zuordnung" des Treuguts zum Vermögen des Treugebers von der Rechtsprechung und anderen Stimmen in der Literatur kann nur insoweit zugestimmt werden, als die materiellrechtliche Zuordnung der Entstehung des Aussonderungsrechts dient. Der Umfang der materiellrechtlichen Zuordnung wird dabei durch die Treuhandabrede bestimmt. Würde man eine unbedingte materiellrechtliche Zuordnung des Treuguts zum Vermögen des Treugebers annehmen, würde die – häufig nicht nur formale – Übertragung des Eigentums am Treugut auf den Treuhänder quasi wirkungslos werden und man würde dem Treugeber mehr Rechte einräumen, als er zur Aussonderung bräuchte. Diese setzt nämlich nur eine materiellrechtliche Berechtigung am

107 BGH NJW 1959, 1223, 1224; ZIP 1993, 213, 214.
108 BGH NJW 1959, 1223, 1224; ZIP 1993, 213, 214.
109 *Jauernig*, Zwangsvollstreckungs- und Insolvenzrecht, § 44 Rn. 14; *Baur/Stürner*, Insolvenzrecht, S. 182; *Kilger/Schmidt*, KO, § 43 Rn. 9.
110 *Gottwald*, Insolvenzrechts-Handbuch, 2. Aufl., § 40 Rn. 29.
111 *Ganter* in Münchener Kommentar, InsO, § 47 Rn. 369; *Gernhuber* JuS 1988, 355, 360.

Aussonderungsgegenstand voraus, jedoch kein weitergehendes Eigentums-
recht.[112]

II. Die verschiedenen Arten der Treuhand

Die Treuhand kann in mannigfaltiger Weise vorkommen. Hauptsächlich lassen
sich jedoch die eigennützige und die uneigennützige Treuhand sowie die echte
und die unechte Treuhand unterscheiden.

1. Die uneigennützige Treuhand

Bei der uneigennützigen Treuhand nimmt der Treuhänder die Rechte aus der
Treuhandabrede im Interesse des Treugebers wahr. Sie kommt üblicherweise,
jedoch nicht zwingend,[113] als Verwaltungstreuhand vor. Fälle der Verwaltungs-
treuhand sind beispielsweise die Inkassoermächtigung oder –zession. Aber auch
Kapitalanlagegesellschaften, die mit dem bei ihnen eingelegten Vermögen in
Grundstücke investieren, müssen gem. § 30 KAGG zwingend Eigentümer der
Grundstücke sein. Diese Grundstücke bilden ein Sondervermögen, das der Kapi-
talanlagegesellschaft als uneigennütziger Treuhänderin zugeordnet ist.

2. Die eigennützige Treuhand

Bei der eigennützigen Treuhand wird das Treuhandverhältnis im Interesse des
Treuhänders begründet. Dieser nimmt also die Rechte aus der Treuhandabrede
im eigenen Interesse wahr. Hauptanwendungsfall ist die Sicherungstreuhand in
Form der Sicherungsübereignung und der Sicherungszession.[114] Hierbei wird
das Treugut entweder unter der auflösenden Bedingung der Tilgung der zu sichernden Forderung auf den Treuhänder übertragen oder es wird vereinbart,
dass im Falle der Forderungstilgung ein schuldrechtlicher Rückübertragungsan-
spruch entstehen soll. Ein solches Treuhandverhältnis besteht beispielsweise
zwischen dem Vermieter und dem Mieter hinsichtlich der Mietkaution. Diese
hat der Vermieter gem. § 551 Abs. 3 S. 1, 3 BGB von seinem Vermögen getrennt bei einem Kreditinstitut zum üblichen Zinssatz anzulegen.

3. Die echte Treuhand

Bei der echten Treuhand überträgt der Treugeber das Treugut auf den Treuhänder. Es kommt daher zu einer Änderung der Rechtszuständigkeit in Bezug auf

---

112 *Bäuerle* in Braun, InsO, § 47 Rn. 3.
113 *Gernhuber* JuS 1988, 355, 357.
114 *Ganter* in Münchener Kommentar, InsO, § 47 Rn. 373.

die übertragenen Vermögenswerte. Die Übertragung ist allerdings eher formaler Natur, da – wie schon oben festgestellt[115] – das Treugut wirtschaftlich und materiell weiter dem Treugeber zugeordnet wird. Als Folge steht ihm in der Insolvenz des Treuhänders ein Aussonderungsrecht nach § 47 InsO zu. Verfügt der Treuhänder jedoch unter Verletzung seiner Pflichten aus dem Innenverhältnis zugunsten eines Dritten über das Treugut, kann der Dritte wegen der formalen Rechtsposition des Treuhänders das Treugut erwerben. Der Gegenstand geht für den Treugeber verloren. Es steht ihm dann im Falle der Insolvenz des Dritten auch kein Aussonderungsrecht gem. § 47 InsO mehr zu.[116] Das Treugut gehört vielmehr zur Insolvenzmasse des Dritten.[117]

Eine besondere Form der echten Treuhand ist die Sicherungsübereignung bzw. -zession. Der Sicherungsnehmer erhält dabei sachenrechtlich vollwertiges Eigentum, ist jedoch im Innenverhältnis treuhänderisch gebunden. Trotz des fehlenden Eigentums steht dem Sicherungsgeber in der Insolvenz des Sicherungsnehmers ein Aussonderungsrecht gem. § 47 InsO zu, wenn er die gesicherte Forderung erfüllt.[118] In der Insolvenz des Sicherungsgebers hat der Sicherungsnehmer hingegen nur ein Absonderungsrecht nach § 51 Ziff. 1 InsO.[119] Er steht sich damit in der Insolvenz des Sicherungsgebers aber besser als der reine Verwaltungstreuhänder. Denn bei der Verwaltungstreuhand gehört das Treugut in der Insolvenz des Treugebers zu dessen Insolvenzmasse[120] bzw. kann vom Insolvenzverwalter zur Masse gezogen werden.[121]

4. Die unechte Treuhand

Wird eine unechte Treuhand vereinbart, die in der Praxis meist als uneigennützige Verwaltungstreuhand vorkommt, ändert sich die Rechtszuständigkeit hinsichtlich des Treuguts nicht. Die Gegenstände werden dem Treuhänder lediglich (zur Verwaltung) überlassen. Das (formale und materielle) Eigentum des Treugebers am Treugut besteht fort.[122] Dies hat zur Folge, dass der Treugeber in der Insolvenz des Treuhänders allein kraft seines fortbestehenden Eigentums und damit seiner materiellen Berechtigung am Treugut ein Aussonderungsrecht hat. Eines Berufens auf die wirtschaftliche und materielle Zuordnung bedarf es des-

---

115 Siehe oben B III.
116 *Kuhn* WM 1964, 998, 1006; *Gottwald*, Insolvenzrechtshandbuch, § 40 Rn. 28.
117 *Lent* in Jaeger, KO, § 43 Rn. 40.
118 BGH NJW 1954, 190 f.
119 BGHZ 60, 267, 268 f.
120 *Baur/Stürner*, Insolvenzrecht, S. 182; *Jaeger/Henckel*, KO, § 1 Rn. 54.
121 BGH NJW 1962, 1200, 1201.
122 BGH WM 2003, 1733, 1734.

halb nicht. Der Treugeber verliert sein Aussonderungsrecht jedoch, wenn der Treuhänder unter Verletzung seiner Pflichten aus dem Innenverhältnis zugunsten eines gutgläubigen Dritten – sofern der Treuhänder nicht schon eine wirksame Vollmacht oder Ermächtigung besitzt – verfügt. Dann wird der Dritte Eigentümer und das Treugut gehört im Falle seiner Insolvenz zur Insolvenzmasse.[123]

III. Die echte, uneigennützige Treuhand als regelmäßiges Treuhandmodell im Rahmen von ABS-Transaktionen

Wie schon oben[124] dargestellt, überwacht und kontrolliert der Treuhänder im Rahmen von ABS-Transaktionen die Zweckgesellschaft und den Servicer. Er strukturiert überdies den Zahlungsstrom, der aus den auf die Zweckgesellschaft übertragenen Forderungen resultiert. Dies zeigt, dass er seine treuhänderische Tätigkeit nicht im eigenen Interesse ausübt. Vielmehr übt er sie im Interesse der Investoren und der von ihm überwachten und kontrollierten Teilnehmer der Transaktion, also der Zweckgesellschaft und dem Servicer, aus.[125] Indem durch den Treuhänder die Einhaltung der vereinbarten Transaktionsparameter überprüft wird, werden die Zweckgesellschaft und der Servicer vor eventuellen Regressansprüchen geschützt. Es liegt daher eine fremdnützige Treuhand vor.

Der Treuhänder benötigt eine besonders starke Rechtsposition und fungiert zum Teil als gemeinsamer Sicherheitentreuhänder der Zweckgesellschaft und des Emittenten. Dem Treuhandverhältnis liegt daher regelmäßig nicht nur eine schuldrechtliche Vereinbarung zugrunde. Vielmehr werden die Assets der Zweckgesellschaft vollwirksam auf den Treuhänder übertragen. Dann liegt eine fremdnützige, echte Verwaltungstreuhand vor.

Im Rahmen von ABS-Transaktionen wird zwischen der Zweckgesellschaft und dem Treuhänder zum Teil auch eine Sicherungsübereignung bzw. -zession vorgenommen. Mithin liegt – zumindest auch[126] – eine eigennützige, echte Sicherungstreuhand vor. Als zu sichernde Forderung wird dabei in der Regel ein sog. „Trustee Claim" vereinbart. Danach kann der Treuhänder von der Zweckgesellschaft unter anderem die Erfüllung der Ansprüche der Investoren verlangen.[127]

---

123 *Kuhn* WM 1964, 998, 1006; *Gottwald*, Insolvenzrechts-Handbuch, § 40 Rn. 28.
124 Siehe oben A III 3.
125 *Hey*, Real Estate Investment Banking, S. 433.
126 Die Treuhand kann daneben auch fremdnützig sein, sog. Doppelseitige Treuhand (vgl. *Ganter* in Münchener Kommentar, InsO, § 47 Rn. 386).
127 Siehe als Beispiel: Offering Circular der Driver Three GmbH, S. 116.

Die echte Treuhand ermöglicht es der Zweckgesellschaft und dem Emittenten aber nicht nur, die Assets von einer neutralen Stelle verwalten zu lassen. Auch der Treuhänder hat durch diese Konstruktion eine im Vergleich zur unechten Treuhand stärkere Position. Als Eigentümer der Assets hat mehr Rechte inne, als ein bloß bevollmächtigter unechter Treuhänder. Insbesondere im Fall einer Insolvenz der Zweckgesellschaft kann er weiterhin die Rechte der Investoren wahrnehmen und beispielsweise die übertragenen Vermögensgegenstände verwerten.[128] Dies wäre nicht ohne weiteres möglich, wenn sich die Gegenstände noch im Eigentum der Zweckgesellschaft befinden würden. Diese würden vollständig in die Insolvenzmasse fallen und ohne Einbeziehung des Treuhänders durch den Insolvenzverwalter verwertet werden.

Anders wurde bisher im Rahmen von deutschen MBS-Transaktionen verfahren. Hier hat das Refinanzierungsunternehmen die Stellung des Treuhänders eingenommen.[129] Dies hängt mit der Eigenart der Übertragung von Buchgrundpfandrechten zusammen, wobei der Einfachheit halber im Folgenden allein auf die Buchgrundschuld abgestellt werden soll.[130]

Zur Übertragung einer Buchgrundschuld ist gem. § 1192 Abs. 1 BGB in Verbindung mit § 1154 Abs. 3, § 873 Abs. 1, Var. 3 BGB neben der Einigung eine Eintragung in das Grundbuch notwendig.[131] Obwohl § 1154 Abs. 3 BGB von der „Forderung" spricht und somit eigentlich nicht von der Verweisung in § 1192 Abs. 1 BGB erfasst wird, wird er dennoch auf die Buchgrundschuld angewendet.[132]

Die sofortige Übertragung von Grundschulden bei der Durchführung von MBS-Transaktionen muss daher aus mehreren gewichtigen Gründen vermieden werden.

Zum einen ist die Übertragung mit einem erheblichen Kosten- und Verwaltungsaufwand verbunden. Dies wirkt sich im Zuge einer solchen Transaktion

---

128 Dies gilt insbesondere für die Sicherungsübertragung. Im Fall der echten, fremdnützigen Verwaltungstreuhand hingegen gehört das Treugut zur Masse und kann vom Insolvenzverwalter dorthin gezogen werden (BGH NJW 1962, 1200, 1201). Nur u. U. besteht ein Absonderungsrecht des Treuhänders gem. § 51 Ziff. 2, 3 InsO.
129 *Tollmann* WM 2005, 2017, 2019.
130 Dies sind die am weitesten verbreiteten Grundpfandrechte (siehe A VI). MBS-Transaktionen werden daher hauptsächlich mit Buchgrundschulden durchgeführt.
131 *Mugdan*, Materialien, Bd. III, S. 437; *Bassenge* in Palandt, BGB, § 1154 Rn. 14, § 1191 Rn. 8; *Konzen* in Soergel, BGB, 13. Auflage, 2001, § 1154 Rn. 1.
132 *Mugdan*, Materialien, Bd. III, S. 437; *Bassenge* in Palandt, BGB, § 1191 Rn. 8.

besonders gravierend aus, da oftmals tausende grundschuldlich besicherter Forderungen übertragen werden sollen.[133] Aber auch bei der Verbriefung nur weniger hundert grundschuldlich besicherter kommerzieller Großkredite[134] treten diese Kosten auf, da sie sich auch am Wert der Grundschulden orientieren (vgl. §§ 18, 23, 32, 38 Abs. 2 Ziff. 5 a, 62 KostO).

Ein weiterer, gerade für Kreditinstitute entscheidender Aspekt liegt in der Geheimhaltung der Transaktion.[135] Diese wäre bei einer Übertragung der Grundschulden nicht mehr gewährleistet, da die Grundschuldbesteller wegen der Information gem. § 55 GBO in der Regel von der Übertragung erfahren würden. Diese Publizität wollen die Kreditinstitute aber möglichst vermeiden, da die nicht um die Hintergründe der Verbriefung wissenden Kunden aus dem Verkauf von Aktiva falsche Schlüsse in Bezug auf die Bonität der Bank ziehen könnten. Die Folge wäre möglicherweise, dass Kunden bei der Bank Gelder abziehen.[136]

In der Praxis hat man deshalb versucht, diese Probleme zu vermeiden, indem man das Refinanzierungsunternehmen als Treuhänder der Grundschulden eingesetzt hat.[137] Dieses hat sich im Rahmen der Kaufverträge über die Grundschulden nur aufschiebend bedingt zu einer Übertragung der Grundschulden verpflichtet.[138] Die aufschiebende Bedingung war dabei beispielsweise eine bestimmte, auf einen Konkurs hindeutende Verschlechterung des Ratings des Refinanzierungsunternehmens. Im Falle des Bedingungseintritts musste das Refinanzierungsunternehmen dann die Grundschulden auf die Zweckgesellschaft übertragen. In der Folge wären aber auch die entsprechenden Kosten angefallen und die Transaktion hätte nicht mehr geheim gehalten werden können. Letzteres wäre natürlich gerade bei einer gravierenden Verschlechterung des Ratings sehr misslich gewesen, da ein Abziehen von Sicherungsmasse (d. h. die Übertragung der Grundschulden) in der Krise in besonderem Maße Vertrauen kostet.

Die Zweckgesellschaft ist daher eigentlich zwei Treuhandverhältnisse eingegangen. Eines mit dem Refinanzierungsunternehmen und ein weiteres mit dem „üb-

---

133 *Fleckner* ZIP 2004, 585, 587; *Emse*, Verbriefungstransaktionen, S. 109 ff.; Offering Circular zur Transaktion „Provide-A 2001-1", S. 15.

134 *Emse*, Verbriefungstransaktionen, S. 94 ff., Offering Circular zur Transaktion „Primus MULTIHAUS 2006", S. 15.

135 *Fleckner* DB 2005, 2733, 2735.

136 *Fleckner* ZIP 2004, 585, 587.

137 Offering Circular zur Transaktion „HAUS 1998-1" der Deutschen Bank, S. 65 f; Offering Circular zur Transaktion „HAUS 2000-1" der Deutschen Bank, S. 42 f.

138 Offering Circular zur Transaktion „HAUS 1998-1" der Deutschen Bank, S. 42 f; Offering Circular zur Transaktion „HAUS 2000-1" der Deutschen Bank, S. 42 f.

lichen" Treuhänder, auf den sie ihre Assets, d. h. die Forderungen, soweit diese schon auf die Zweckgesellschaft übertragen worden waren, und die bedingten Übertragungsansprüche aus den Kaufverträgen, übertragen hat.[139]

Für das Refinanzierungsunternehmen bedeutete dies, dass es die Grundschulden verwaltete. Es sollte daher insbesondere im Verwertungsfall die Vollstreckungsmaßnahmen nach § 1147 BGB in Verbindung mit dem ZVG durchführen und anschließend den Erlös an die Zweckgesellschaft auskehren.[140] Eine solche Treuhandabrede bot sich auch an, da das Refinanzierungsunternehmen schon zuvor die Grundschulden verwaltet hat.

Eine derartige Konstruktion der fremdnützigen, echten Verwaltungstreuhand war allerdings in Bezug auf ein Aussonderungsrecht der Zweckgesellschaft im Falle einer Insolvenz des Refinanzierungsunternehmens und damit im Hinblick auf das Vorhandensein einer ausreichenden Deckungsmasse bei der Zweckgesellschaft äußerst problematisch. Insbesondere die Rechtsprechung, aber auch Teile des Schrifttums erkennen ein Aussonderungsrecht der Zweckgesellschaft hierbei nicht an.[141]

IV. Das englische Treuhandmodell

Bei Transaktionen, die dem englischen Recht unterliegen, übernimmt die Funktion des Treuhänders üblicherweise ein nach englischem Recht ausschließlich für die Transaktion gegründeter Trust. Das Treuhandverhältnis unterscheidet sich daher von der echten, fremdnützigen Treuhand nach deutschem Recht. Die Vermögenswerte werden nicht vollwirksam auf den Trust übertragen. Vielmehr wird die Rechtsinhaberschaft gesplittet und es geht nur die „dingliche" Rechtsinhaberschaft, der sog. legal title[142], auf den Trust über. Die vermögensrechtliche Rechtsinhaberschaft, der sog. equitable title[143], hingegen verbleibt bei der Zweckgesellschaft, zu deren Gunsten der Treuhänder das Treugut verwaltet. Hierdurch wird letztlich zwar ein der echten, fremdnützigen Treuhand ähnliches Ergebnis erzielt. Der Treuhänder kann unabhängig von den Vorkommnissen bei der Zweckgesellschaft die Vermögensgegenstände verwalten und die Rechte der Investoren wahrnehmen, da sich die für die Verwaltung bedeutsame „dingliche" Rechtsinhaberschaft an den Vermögensgegenständen der Zweckgesellschaft bei ihm befindet. In der möglichen Insolvenz des Trusts bzw. des Trustee kann die

---

139 Zu den Aufgaben des Treuhänders siehe oben unter A III 3.
140 *Fleckner* ZIP 2004, 585, 588.
141 Näheres hierzu im Folgenden unter B V.
142 *Bernstorff*, Einführung in das englische Recht, S. 148.
143 *Bernstorff*, Einführung in das englische Recht, S. 148.

Zweckgesellschaft die Vermögensgegenstände bei diesem „aussondern". Dies gilt unabhängig davon, ob der Trustee das Treugut etwa mit anderen Gegenständen vermischt oder abredewidrig darüber verfügt hat. Insoweit besteht ein Folgerecht des Begünstigten.[144]

V. Die Voraussetzungen der echten Treuhand

Die echte Treuhand bedarf zunächst einer schuldrechtlichen Treuhandabrede und das Treugut wird auf den Treuhänder übertragen. Einen typischen Treuhandvertrag gibt es auch hier nicht.[145] Ob und welche Voraussetzungen daneben insbesondere für ein Aussonderungsrecht nach § 47 InsO erforderlich sind, ist in Rechtsprechung und Schrifttum umstritten.

1. Die Voraussetzungen nach der Rechtsprechung

Die Rechtsprechung stellt für ein Aussonderungsrecht im Rahmen eines echten Treuhandverhältnisses auf das Unmittelbarkeitsprinzip ab. Diese Voraussetzung wurde schon vom Reichsgericht[146] entwickelt und in ständiger Rechtsprechung vom BGH[147] übernommen. Das Unmittelbarkeitsprinzip besagt, dass als aussonderungsfähiges Treugut nur solche Gegenstände anzusehen sind, die unmittelbar aus dem Vermögen des Treugebers in dasjenige des Treuhänders übertragen worden sind.[148] Das Unmittelbarkeitsprinzip soll grundsätzlich auch dann nicht gewahrt sein, wenn der Treuhänder das Treugut von einem Dritten für Rechnung des Treugebers und in dessen Auftrag erwerbe.[149] Eine bloße Übertragung auf den Treuhänder reiche zur Wahrung des Unmittelbarkeitsprinzips demnach nicht. Das Treugut müsse aus dem Vermögen des Treugebers stammen. Dabei komme es aber nicht darauf an, ob das Treuhandverhältnis offenkundig sei. Denn die Offenkundigkeit sei keine Voraussetzung für ein Treuhandverhältnis.[150] Zur Begründung verweist der BGH unter anderem auf den Gläubigerschutz. Dieser sei nicht mehr ausreichend gewährleistet, wenn der Schuldner der Masse Gegenstände, die ihm materiell zugeordnet seien, durch eine nachträgli-

---

144 *Bernstorff*, Einführung in das englische Recht, S. 149.
145 BGH BB 1977, 10.
146 RGZ 84, 214 ff.
147 U. a. BGH WM 1960, 325, 326; BGH NJW 1961, 1461; BGH ZIP 1990, 1206, 1208; BGH WM 2003, 1733, 1734.
148 RGZ 84, 214, 216; 91, 12 ; 127, 344 ; 133, 84 ; BGH WM 2003, 1733 – Zwar ist dieses Urteil nicht zu einer Verbriefungstransaktion ergangen; wegen seiner allgemeinen Ausführungen kann es aber wohl allgemeine Geltung beanspruchen.
149 RGZ 133, 84.
150 BGH NJW 1993, 213, 214.

che schuldrechtliche Beschränkung seiner Eigentümerbefugnisse entziehen könne.[151] Der Gläubiger könne sich vor dem Zugriff anderer Gläubiger in der Insolvenz des Schuldners stattdessen dadurch schützen, dass er sich sicherheitshalber
Rechte abtreten, bewegliche Sachen übereignen oder bei Grundstücken bzw.
Grundpfandrechten eine Vormerkung eintragen lasse. Außerdem stehe, so der
BGH, ein allein auf eine schuldrechtliche Vereinbarung begründetes Aussonderungsrecht im Wertungswiderspruch zur Sicherungsübereignung und -zession
und zur Stellung eines Pfandgläubigers. Diese setzten zur Geltendmachung eines
Aussonderungs- bzw. eines Absonderungsrechts einen dinglichen Übertra-
gungsakt voraus. Dann könne es aber nicht sein, dass ein Gläubiger ein Aussonderungsrecht allein durch eine schuldrechtliche Beschränkung der Eigentümerbefugnisse des Schuldners erlange. Daneben stellt der BGH noch auf historische
Normzwecke und gesetzliche Wertungen ab. Danach sei das Insolvenzrecht vom
Grundsatz der Gläubigergleichbehandlung geprägt. Deshalb seien alle Gläubiger
zur Sicherung ihrer Rechte in der Insolvenz des Schuldners gleichermaßen auf
die zur Verfügung stehenden dinglichen Rechte angewiesen und könnten dies
nicht durch die bloße Vereinbarung eines Treuhandverhältnisses umgehen.

Eine Ausnahme vom Unmittelbarkeitsprinzip hat der BGH für den Fall eines
Treuhandkontos zugelassen. Werde vom Treugeber oder von dritter Seite Geld
auf ein Treuhandkonto eingezahlt bzw. überwiesen, das offenkundig dem Zweck
einer treuhänderischen Verwaltung dieser Geldmittel diene, könne der Treugeber ein Aussonderungsrecht gem. § 47 InsO geltend machen.[152] Die Forderung
gegen die Bank gelte dann als auf den Treugeber übertragen. Zunächst wurde
dies für den Fall eines Anderkontos entschieden.[153] Ein solches Konto ist jedoch
keine Voraussetzung für das Aussonderungsrecht. Vielmehr genüge jedes Son-
derkonto, um ein Aussonderungsrecht geltend zu machen.[154] Dabei komme es
wiederum nicht darauf an, dass das Treuhandverhältnis selbst offenkundig sei.
[155] Insofern reiche die schlichte Einzahlung auf das Konto aus, sofern die den
Zahlungen zugrunde liegenden Forderungen in der Person des Treugebers entstanden seien.[156]

---

151 BGH WM 2003, 1733, 1734 f.
152 BGH NJW 1954, 190, 191; NJW 1959, 1223, 1224; NJW 1990, 45.
153 BGH NJW 1954, 190, 191.
154 BGH NJW 1971, 559, 560.
155 BGH NJW 1993, 213, 214.
156 BGH NJW 1959, 1223, 1225.

Das Gleiche soll für den Fall gelten, dass der Treugeber dem Treuhänder Geld übergebe und letzterer dieses auf ein Treuhandkonto einzahle.[157] Auch in diesem Fall gelte die Forderung gegen die Bank als eine des Treugebers.

2. Meinungsstand in der Literatur

Das Schrifttum ist der Ansicht der Rechtsprechung zum Teil gefolgt[158]. Zum Teil hat es sich dagegen ausgesprochen und stattdessen auf andere Merkmale abgestellt, bei deren Vorliegen der Gläubiger in der Insolvenz des Schuldners ein Aussonderungsrecht haben soll.

So halten beispielsweise *Kötz*[159] und andere[160] das Unmittelbarkeitsprinzip für unhaltbar, wenn der Schuldner und Treuhänder das Treugut von einem Drittem im eigenen Namen und Auftrag des Gläubigers erworben hat. Im Gegensatz zu *Siebert*[161], der die Ansicht der Rechtsprechung teilt, sieht *Kötz* den Publizitätsgrundsatz in diesem Fall nicht beeinträchtigt. *Siebert* befürchtet eine Steigerung der „Undurchsichtigkeit dinglicher Berechtigungen in dem Maße, dass dadurch die allgemeine Verkehrssicherheit und namentlich die Kreditsicherheit in unerträglichem Maße gefährdet würden. So rechtfertige sich das Unmittelbarkeitsprinzip letzten Endes durch das Publizitätsprinzip, dessen weitere Einschränkung verhindert werden müsse."[162] Dem hält *Kötz* entgegen, dass es im Hinblick auf die Publizität letztlich keinen Unterschied mache, ob der Treuhänder das Treugut direkt vom Treugeber oder von einem Dritten erworben habe. Dies solle insbesondere dann gelten, wenn man mit *Siebert* ein Aussonderungsrecht nur dann zulasse, wenn das Treugut im Innenverhältnis zunächst von dem Treuhänder auf den Treugeber und von diesem wieder zurück auf den Treuhänder übertragen worden sei. Gerade wenn diese Übertragungen durch antizipiertes Besitzkonstitut (auf den Treugeber) und durch „brevi manu traditio" gem. § 929 S. 2 BGB (zurück auf den Treuhänder) erfolgen, ändere sich an der Publizität, dem Besitz des Treuhänders, nichts. Diese Übertragungen würden völlig unabhängig

---

157 BGH NJW 1959, 1223, 1225.
158 *Hartmann* in Baumbach, ZPO, § 771 Rn. 22; *Kuhn* WM 1964, 998, 1005; *Kümpel*, Bank- und Kapitalmarktrecht, Rn. 3.143; *Lent* in Jaeger, KO, § 43 Rn. 41; *Serick*, Eigentumsvorbehalt und Sicherungsübertragung, § 19 II 2, 81.
159 *Kötz*, Trust und Treuhand, S. 133.
160 *Assfalg*, Die Behandlung von Treugut im Konkurse des Treuhänders, S. 170 ff.; *Reinhardt/Erlingshagen* JuS 1962, 47 ff.
161 *Siebert*, Das rechtsgeschäftliche Treuhandverhältnis, 1933, S. 192.
162 *Siebert*, Das rechtsgeschäftliche Treuhandverhältnis, 1933, S. 194 f.

von der Wahrnehmbarkeit durch Dritte geschehen, da sie „in der Außenwelt eine erkennbare Spur nicht hinterlassen."[163]

Ganter hingegen will das Unmittelbarkeitsprinzip und das Offenkundigkeitsprinzip kombinieren.[164] Sei im Rahmen eines Treuhandverhältnisses das Unmittelbarkeitsprinzip gewahrt, könne der Treugeber ein Aussonderungsrecht geltend machen, ohne dass es der Offenkundigkeit bedürfe. Wurde das Treugut nicht direkt aus dem Vermögen des Treugebers an den Treuhänder übertragen und somit das Unmittelbarkeitsprinzip nicht gewahrt, reiche es für ein Aussonderungsrecht aus, wenn der Treuhandcharakter offenkundig sei. *Ganter* will insofern die bisher nur für Treuhandkonten allgemein anerkannte Ausnahme[165] vom Unmittelbarkeitsprinzip zugunsten des Offenkundigkeitsprinzips für allgemeingültig erklären.

Canaris und andere[166] hingegen wollen gänzlich auf das Unmittelbarkeitsprinzip verzichten und dem Treugeber das Aussonderungsrecht nur gewähren, wenn die Treuhand offenkundig ist.[167] Dies ergebe sich aus dem Charakter der Treuhand, wonach nur die Verfügungsbefugnisse des Treuhänders im Hinblick auf das Treugut vergrößert werden sollen. Der Haftungsmasse solle das Treugut jedoch nicht zugeführt werden. Das Treugut sei schließlich ohne ein Vermögensopfer in das Vermögen des Treuhänders gelangt. Ein Aussonderungsrecht lasse sich deshalb nur dann rechtfertigen, wenn das Treuhandverhältnis offenkundig sei. Ansonsten würden die Gläubiger des Treuhänders über den Umfang der Haftungsmasse irregeführt.

Andere stellen für die Frage des Bestehens eines Aussonderungsrechts des Treugebers allein auf den Bestimmtheitsgrundsatz ab.[168] Danach können Gegenstände als aussonderungsfähiges Treugut angesehen werden, wenn sie mit hinreichender Sicherheit bestimmt werden können, also unterscheidbar in der Masse vorhanden seien.[169] Es komme dabei weder darauf an, von wem das Treugut

---

163 *Kötz*, Trust und Treuhand, S. 133.
164 *Ganter* in Münchener Kommentar, InsO, § 47 Rn. 358.
165 *Ganter* in Münchener Kommentar, InsO, § 47 Rn. 358; BGH NJW 1954, 190, 191.
166 *Lammel*, Die Haftung des Treuhänders, S. 9; *Kilger/Schmidt*, KO, § 43 Rn. 9.
167 *Canaris* NJW 1973, 825, 832; *Canaris* in Festschrift Flume, Band I, 1978, S. 371, 411.
168 *Assfalg*, Die Behandlung von Treugut im Konkurse des Treuhänders, S. 154; *Beuthien* ZGR 1974, 26, 71; *Blaurock*, Unterbeteiligung und Treuhand, S. 248; *Reinhardt/Erlingshagen* JuS 1962, 41, 49; *Coing*, Die Treuhand kraft privaten Rechtsgeschäfts, 1973, S. 178; *Einsele* JZ 1990, 1005, 1012; *Henssler* AcP 196 (1996), 37, 55; *Grundmann*, Der Treuhandvertrag, 1997, S. 318 ff.; *Leptien* in Soergel, BGB, vor § 164 Rn. 56.
169 *Walter*, Das Unmittelbarkeitsprinzip, S. 152 f.; *Beuthin* ZGR 1974, 26, 69.

übertragen wurde noch darauf, dass die Treuguteigenschaft in irgendeiner Weise offenkundig sei. Zur Begründung wird angeführt, dass es hierdurch keine Rechtsunsicherheit gebe. Der die Aussonderung Begehrende müsse schließlich den Anspruch gegen den Treuhänder auf Leistung eines ganz bestimmten Gegenstandes beweisen.[170] Darüber hinaus sei der frühere Grund für die Einführung des Unmittelbarkeitsprinzips, die sachgerechte Abgrenzung zwischen Treuhand und mittelbarer Stellvertretung, weggefallen. Diese seien heutzutage zum einen klar voneinander abzugrenzen und zum anderen würden sich Treuhand und mittelbare Stellvertretung nicht gegenseitig ausschließen. Die mittelbare Stellvertretung sei sogar eine Begründungsmöglichkeit für ein Treuhandverhältnis.[171] Darüber hinaus wird insbesondere auf die wirtschaftliche Zugehörigkeit des Treuguts zum Vermögen des Treugebers abgestellt. Für diese mache es keinen Unterschied, ob das Treugut direkt aus dem Vermögen des Treugebers oder aus dem eines Dritten stamme.[172]

Daneben wird von anderen vertreten, dass Offenkundigkeitsprinzip und Bestimmtheitsgrundsatz kumulativ Anwendung finden müssten, damit ein Aussonderungsrecht geltend gemacht werden könne.[173] Es wird argumentiert, dass gegen die alleinige Anwendung der Bestimmtheitsgrenze die Rechtsunsicherheit spreche, die sich in der Praxis aus der Abgrenzung zwischen mittelbarer Stellvertretung und Treuhand ergebe. Diese Probleme wären nur bei zusätzlicher Offenkundigkeit unerheblich. Dies ergebe sich auch aus § 392 Abs. 2 HGB.[174]

3. Stellungnahme

Es spricht viel für ein Festhalten am Unmittelbarkeitsprinzip. Wie die *Rechtsprechung* zutreffend ausführt, steht den Beteiligten einer Treuhandabrede der Numerus Clausus der Sachenrechte zur Verfügung. Sie können deshalb „Rechte zur Sicherheit abtreten, bewegliche Sachen sicherungsübereignen und für Grundstücksrechte und Rechte an Grundstücksrechten eine Vormerkung eintragen lassen." Letztere gewährt dem Treugeber gem. § 106 InsO in der Insolvenz ebenfalls ein Aussonderungsrecht. Es ist daher richtigerweise nicht recht einzusehen, dass, wenn sich das Treugut von Anfang an im Eigentum des Treuhänders befindet, allein durch eine schuldrechtliche Treuhandabrede ein Aussonde-

---

170 *Assfalg*, Die Behandlung von Treugut im Konkurse des Treuhänders, S. 171 f.
171 *Eden*, Treuhandschaft an Unternehmen, S. 81.
172 *Beuthien* ZGR 1974, 26, 68.
173 *Heinsius*, Der Sicherheitentreuhänder im Konkurs, in FS Henckel, S. 399 f.; *Petri*, Die Grundschuld als Sicherungsmittel für Bankkredite, S. 265 f.; *Thomas* NJW 1968, 1705, 1709.
174 *Kümmerlein*, Erscheinungsformen und Probleme der Verwaltungstreuhand, S. 142 f.

rungsrecht des Treugebers entstehen soll. Dies wäre mit den Grundsätzen des Gläubigerschutzes und der Gläubigergleichbehandlung nicht mehr zu vereinbaren.

Letztlich muss im Rahmen dieser Arbeit jedoch nicht weiter untersucht werden, inwieweit die Ansicht der Rechtsprechung oder eine der Literaturansichten vorzugswürdig ist. Entscheidend ist, dass sich die Beteiligten bei der Gestaltung einer ABS-Transaktion nach der obergerichtlichen Rechtsprechung richten werden. Sollte es tatsächlich einmal zu einem Rechtsstreit kommen, müssen die transaktionsspezifischen Sicherungsmechanismen auch einer gerichtlichen Auseinandersetzung standhalten können.[175] Entspricht es daher der Rechtsprechung des BGH zur echten Treuhand, dass ein Aussonderungsrecht nur geltend gemacht werden kann, wenn von den Parteien das Unmittelbarkeitsprinzip gewahrt wurde und zudem keine der oben genannten Ausnahmen eingreift, so ist dies für die Transaktionsgestaltung maßgeblich. Auf divergierende Literaturansichten kommt es dabei nicht mehr an.

Zwar kann noch nicht gesagt werden, inwieweit der BGH am Unmittelbarkeitsprinzip festhalten wird[176], weshalb in gewisser Weise Rechtsunsicherheit besteht.[177] Eine Änderung der Rechtsprechung ist jedoch derzeit nicht zu erwarten. Hierzu trägt die Entscheidung des BGH vom 24. Juni 2003 maßgeblich bei.

Zum Teil wurde zwar bezweifelt, dass diese Entscheidung über den Fall hinaus für alle Gegenstände gelten würde.[178] Denn der BGH hat die Anwendbarkeit des Offenkundigkeits- und des Unmittelbarkeitsprinzips in seiner Entscheidung ausdrücklich offen gelassen. Zudem befasste sich der entschiedene Fall nicht mit einer treuhänderisch gehaltenen Sicherungsgrundschuld. Die Allgemeinheit der Aussagen des BGH spricht aber für eine Erstreckung auf sämtliche Gegenstände.[179] Der BGH spricht beispielsweise allgemein von der Abtretung von Rechten, der Sicherungsübereignung sowie der Eintragung einer Vormerkung. Gerade letzteres spricht für eine Erstreckung der Entscheidung auch auf Grundpfandrechte. Darüber hinaus befasst sich der BGH generell mit dem Begriff (Entscheidungsgründe unter II 2 b) und dem Sinn und Zweck (Entscheidungsgründe unter II 2 c-e) der Treuhand und formuliert die ersten beiden Leitsätze ohne Bezug auf bestimmte Gegenstände. Schließlich wurde die Entscheidung sogar in die amtliche Sammlung aufgenommen. Demnach ist davon auszugehen, dass die

---

175 Zu den Auswirkungen auf das Rating siehe unten C II.
176 Siehe oben B V 1.
177 *Tollmann* WM 2003, 2017, 2019.
178 *Stöcker* Die Bank 2004, 55, 59.
179 *Fleckner* ZIP 2004, 585, 589; *Kessler* ZNotP 2003, 368, 370.

Entscheidung des BGH für alle Gegenstände gilt, mithin also auch für Sicherungsgrundschulden.[180]

Darüber hinaus haben sich viele in der Literatur der Ansicht der Rechtsprechung zum Unmittelbarkeitsprinzip angeschlossen haben, obgleich ein praktisches Bedürfnis für eine Änderung gesehen wird.[181]

C. Die Auswirkungen der Treuhandvoraussetzungen auf ABS-Transaktionen

I. Kein Aussonderungsrecht in der Insolvenz des Refinanzierungsunternehmens

Die Voraussetzungen der echten Treuhand sind insbesondere bei MBS-Transaktionen relevant. Im Rahmen herkömmlicher ABS-Transaktionen können die Forderungen problemlos übertragen werden, so dass das Unmittelbarkeitsprinzip gewahrt werden kann. Aus den oben genannten Kosten-, Verwaltungs- und Geheimhaltungsgründen darf es bei MBS-Transaktionen jedoch nicht zu einer tatsächlichen Übertragung der als Sicherheit dienenden Grundschulden kommen. Man hat sich daher – wie bereits oben erwähnt[182] – unter der aufschiebenden Bedingung, dass sich das Rating des Refinanzierungsunternehmens in gewisser Weise verschlechtert, verpflichtet, die Grundschulden auf die Zweckgesellschaft zu übertragen. Zusätzlich wurde ein Treuhandverhältnis vereinbart. Danach sollte das Refinanzierungsunternehmen die Grundschulden weiterhin treuhänderisch für die Zweckgesellschaft verwalten.[183] Es wurde somit ein Treuhandverhältnis vereinbart, bei dem das Treugut von Anfang an im Eigentum des Treuhänders war. Das Treuhandverhältnis stützte sich dabei lediglich auf eine schuldrechtliche Vereinbarung ohne dingliche Komponente. Bei einem solchen Treuhandverhältnis war aber das vom Reichsgericht[184] entwickelte und vom Bundesgerichtshof in ständiger Rechtsprechung[185] übernommene Unmittelbarkeitsprinzip nicht gewahrt. In der Folge bestand kein Aussonderungsrecht für die Zweckgesellschaft, weshalb sie keine insolvenzfeste Position innehatte.

---

180 *Fleckner* ZIP 2004, 585, 589; *Kessler* ZNotP 2003, 368, 370; *Tollmann* WM 2003, 2017, 2019.
181 *Hartmann* in Baumbach, ZPO, § 771 Rn. 22; *Kuhn* WM 1964, 998, 1005; *Kümpel*, Bank- und Kapitalmarktrecht, Rn. 3.143.
182 Siehe oben B III.
183 *Fleckner* ZIP 2004, 585, 588.
184 RGZ 45, 80, 84; 79, 121, 122; 84, 214, 218; 91, 12, 14; 94, 305, 307.
185 BGH WM 1960, 325, 326; BGH NJW 1961, 1461; BGH ZIP 1990, 1206, 1208; BGH WM 2003, 1733, 1734.

II. Das Treuhandmodell als Belastungsfaktor für das Rating der Anleihen

Dem Rating einer Anleihe kommt für deren Erfolg am Kapitalmarkt maßgebliche Bedeutung zu. Erfolg meint dabei aber nicht nur die Möglichkeit, die Anleihen zu platzieren. Das Rating hat daneben entscheidenden Einfluss auf die Akzeptanz der Anleihe bei Investoren und wirkt sich so mittelbar auf die Kosten einer ABS-Transaktion aus. Es beinhaltet eine Beurteilung der Bonität des Emittenten der Anleihe, also eine Einschätzung über die Wahrscheinlichkeit eines Zahlungsverzugs bzw. -ausfalls.[186] Je höher diese Wahrscheinlichkeit ist, desto höher ist beispielsweise die Verzinsung der Anleihen anzusetzen. Dies wird allgemein auch als sog. „Credit Rating" bezeichnet.[187] *Everling* versteht unter Rating aber nicht nur das Beurteilungsergebnis, sondern ebenso den Beurteilungsvorgang, also die notwendigen Schritte und Entscheidungsverfahren, um zur endgültigen Zensur zu gelangen.[188] Vorliegend kommt es aber weniger auf die prozessualen Vorgänge beim Rating an, sondern vielmehr auf die inhaltlichen Komponenten, die das Beurteilungsergebnis beeinflussen. Der Begriff des Rating wird daher nicht im Sinne von *Everling*, sondern im Sinne des „Credit Ratings" verstanden. *Röchling*[189] beispielsweise hat für die prozessualen Vorgänge den Begriff des „Rating-Verfahrens" gewählt.

Das Rating hängt unter anderem von der Qualität und den Zugriffsmöglichkeiten auf die als Sicherheit für die Anleihe zur Verfügung stehenden Vermögensgegenstände ab. Besteht kein Zugriffs- bzw. Aussonderungsrecht hinsichtlich der Vermögensgegenstände zugunsten der Zweckgesellschaft, kann dies gravierende Auswirkungen auf das Rating der Anleihe haben. Daneben gibt es aber noch weitere Faktoren, die das Rating beeinflussen.

1. Die bestimmenden Faktoren beim Rating der Anleihen

Nach der Grundidee soll bei ABS zum einen die Bonität der Zweckgesellschaft von der Bonität des Refinanzierungsunternehmen getrennt werden. Zum anderen soll das Rating der Anleihen – wie bereits erwähnt – nicht von den an der Transaktion Beteiligten, sondern von der Qualität der unterlegten Assets und deren Besicherung abhängen. Letzteres hat den Vorteil, dass in die Bewertung hauptsächlich berechenbare Größen einfließen und unternehmerische Entscheidungen nicht mit einbezogen werden müssen. Das Urteil beruht daher auf einer besser nachprüfbaren Grundlage. Im Zusammenhang mit MBS-Transaktionen besteht

---

186 *Röchling*, Loan-Backed Securities, S. 48.
187 *Wambach/Kirchmer* BB 2002, 400, 402.
188 *Everling*, Credit Rating durch internationale Agenturen, S. 21, 23 f.
189 *Röchling*, Loan-Backed Securities, S. 48.

der weitere Vorteil, dass die als Deckungsmasse dienenden Forderungen selbst durch Grundpfandrechte besichert sind. Es findet daher sogar eine teilweise Trennung von der Bonität des Forderungsschuldners statt, da im Fall eines Zahlungsausfalls in das jeweilige Grundstück vollstreckt werden kann. Maßgebliche Größe für das Rating ist in diesem Fall weiterhin zunächst die Bonität des Schuldners. Für die Frage des bei Eintreten eines Ausfallereignisses möglicherweise entstehenden Verlustes kommt es allerdings auf den Wert des Grundpfandrechts an.

Insofern stehen beim Rating einer Anleihe, der eine ABS-Transaktion zugrunde liegt, die quantitativen Ratingkriterien im Vordergrund. Dies sind beispielsweise Liquiditätskennzahlen wie der aus den Forderungen generierte Cash-Flow in Form von Zins- und Tilgungsleistungen, die Laufzeit der Forderungen, Vereinbarungen über vorzeitige Rückzahlungen (Prepayments) und der Wert der Sicherungsrechte. Hierzu zählen aber auch transaktionsspezifische Aspekte wie die Einrichtung von Creditenhancements und Liquiditätsfazilitäten in Form von Spread- und Reservekonten oder der Ausgabe verschiedener Anleihetranchen.

Dennoch sind auch qualitative Kriterien bei der Beurteilung zu berücksichtigen. Dies sind etwa Markt- und Umfeldsituationen, die Unternehmensführung und Führungsinstrumente sowie die Abwicklung der mit der Transaktion im Zusammenhang stehenden Geschäftstätigkeiten.[190]

Zudem bleibt eine Reihe von transaktionsspezifischen Tätigkeiten und Vereinbarungen bestehen, die unter qualitativen Gesichtspunkten beurteilt werden müssen. Hierzu zählt etwa die Bewertung der Qualität der laufenden Forderungsverwaltung (Servicing) unter Einbeziehung des Mahn- und Vollstreckungswesens. Aber auch die Creditenhancements und Liquiditätsfazilitäten müssen unter qualitativen Aspekten beurteilt werden. So kommt es hierbei eben nicht nur auf Kennzahlen und somit quantitative Aspekte an. Vielmehr müssen beispielsweise die Swap-Vertragspartner oder diejenigen Kreditinstitute, die Garantien in Form von kurzfristigen Darlehen oder einem Letter of Credit etc. zur Verfügung stellen, auf ihre Qualität hin untersucht werden.

Darüber hinaus werden bei MBS-Transaktionen die Sicherungsgrundpfandrechte unter qualitativen Aspekten beurteilt. Hierbei kommt es beispielsweise bei Immobiliarkrediten auf die Lage, den Zustand und den Vermietungsstand der

---

190 *Stur*, Rating mit qualitativen und quantitativen Kriterien, S. 335.

Immobilie an.[191] Zum Vergleich werden hierbei regelmäßig Konkurrenzobjekte in der näheren Umgebung herangezogen.

Neben diesen transaktionsspezifischen Kriterien werden auch nicht transaktionsspezifische Kriterien mit in das Ratingurteil einbezogen. Hierzu zählen etwa die politische Situation[192] sowie das Risiko von Gesetzesänderungen.

2. Die negativen Auswirkungen des Treuhandmodells auf das Rating

Den Sicherungsrechten kommt beim Rating von Anleihen, die im Zuge einer MBS-Transaktion emittiert werden, maßgebliche Bedeutung zu. Sie werden sowohl nach quantitativen als auch nach qualitativen Kriterien bewertet. Unabhängig davon ist aber die Grundvoraussetzung für ein gutes Rating, dass der Sicherungsgeber im Sicherungsfall Zugriff auf das Sicherungsrecht hat. Ist dies nicht gewährleistet, kann das Sicherungsrecht selbst noch so gut sein. Es wird sich nur minimal positiv auf das Rating der emittierten Anleihen auswirken. Dieses Problem besteht momentan auch in Bezug auf das Treuhandmodell, welches bisher zum Teil bei MBS-Transaktionen angewendet wurde. Die Rechtsprechung lässt ein Aussonderungsrecht der Zweckgesellschaft hierbei nicht zu. Diese Rechtsunsicherheit müssen die Ratingagenturen – wie oben festgestellt – bei ihrer Bewertung berücksichtigen, was eine gravierende Verschlechterung des Ratings der Anleihen zur Folge hat.

III. Die Folgen für MBS-Transaktionen in Deutschland

Wegen dieser negativen Folgen wurden in Deutschland bisher nur sehr wenige True-Sale MBS-Transaktionen durchgeführt.[193] In der Praxis ist man zum Teil auf synthetische Transaktionen ausgewichen.[194] Hierbei wurde das mit den Darlehensforderungen verbundene Risiko verbrieft und in Form von Credit Linked Notes (CLNs) und Credit Default Swaps (CDS) emittiert.[195] Das mit den Darlehensforderungen verbundene Risiko wurde daher auf die Investoren übertragen, während die Darlehensforderungen und die zur Sicherung dienenden Hypotheken – rein formal – bei den sich refinanzierenden Unternehmen blieben. Auf diese Weise hat man zwar eine Bilanzentlastung der Unternehmen erreicht, in-

---

191 *Hey*, Mortgage Backed Securitisation, S. 440.
192 *Klüwer*, ABS, S. 25.
193 Als Beispiele seien hier die MBS-Transaktionen „Haus 1998-1" und „Haus 2000-1" der Deutschen Bank genannt, Offering Circulars, S. 42 f.
194 Als Beispiele sind die Transaktionen „Förde 2000-1" der Landesbank Kiel sowie „Provide-A 2001-1" der Bayerischen Hypo- und Vereinsbank zu nennen.
195 *Emse*, Verbriefungstransaktionen, S. 89, 109.

dem die Darlehensforderung nicht mehr mit Eigenkapital unterlegt werden mussten. Synthetische ABS-Transaktionen dienen jedoch nicht der Refinanzierung, da die Vermögensgegenstände nicht veräußert werden.

Auch ist das gesamte ABS-Volumen in Deutschland aktuell beispielsweise im Verhältnis zu England oder den USA noch relativ gering. Die meisten ABS-Transaktionen unterliegen englischem oder amerikanischem Recht. So betrug das Verbriefungsvolumen im Jahre 2006 im Vereinigten Königreich 192,2 Milliarden €, während in Deutschland lediglich Forderungen im Wert von 37,7 Milliarden € verbrieft wurden. Letzteres war gegenüber dem Jahr 2005, in dem das Verbriefungsvolumen lediglich 15,5 Milliarden € betrug, immerhin mehr als eine Verdoppelung.[196]

D. Zusammenfassung

Im Gegensatz zu anderen Staaten, wie England und den USA, sind ABS-Transaktionen – insbesondere MBS-Transaktionen – in Deutschland noch nicht sehr verbreitet.[197] So machte die Zahl der aufgrund von ausgegebenen Asset-Backed Securities verwalteten Kreditforderungen im Jahr 2006 nur ein halbes Prozent der gesamten Buchkredite deutscher Banken an inländische Unternehmen und Privatpersonen aus.[198] Aus Kosten- und Geheimhaltungsgründen ist es in Deutschland nicht möglich gewesen, im Rahmen einer solchen Transaktion die als Sicherheit dienenden Grundschulden von dem Refinanzierungsunternehmen auf die Zweckgesellschaft zu übertragen. Deshalb hat man das sog. Treuhandmodell entwickelt. Dieses ist jedoch im Hinblick auf ein Aussonderungsrecht der Zweckgesellschaft bezüglich der Grundschulden im Falle einer Insolvenz des Refinanzierungsunternehmens mit einer erheblichen Rechtsunsicherheit verbunden. Die Investoren einer solchen Transaktionen hätten sich daher nicht sicher sein können, ob sie im Falle der Insolvenz des Refinanzierungsunternehmens auf die Grundschulden zurückgreifen können, die der Absicherung der als Deckungsmasse von der Zweckgesellschaft erworbenen Forderungen dienen sollten. Die Folge wäre ein schlechteres Rating der emittierten Anleihen gewesen, wodurch die gesamte Transaktion wegen der dadurch erhöhten Kosten nicht mehr rentabel gewesen wäre.

---

196 ESF Securitisation Data Report, Winter 2007 – www.europeansecuritisation.com.
197 Siehe unten 2. Teil B II.
198 Monatsbericht der Deutschen Bundesbank vom Juli 2006, S. 24.

2. Teil Der Treuhänder bei der Anwendung des Refinanzierungsregisters

Mit der Einführung des Refinanzierungsregisters wurden die im ersten Teil beschriebenen Probleme größtenteils gelöst. Nunmehr ist es möglich, ABS-Transaktionen mit grundpfandrechtlich besicherten (Darlehens-) Forderungen deutscher Unternehmen und Kreditinstitute durchzuführen. Im zweiten Teil dieser Arbeit wird daher zunächst ein Überblick über die Regelungen zum Refinanzierungsregister und deren Wirkungsweise im Hinblick auf ABS-Transaktionen gegeben. Im Anschluss daran wird gezeigt, unter welchen Voraussetzungen der Treuhänder zukünftig eingesetzt werden kann. Es wird unter anderem darauf eingegangen, welche Probleme sich hierbei ergeben, welche Funktionen er innehaben wird und an welchen Stellen in einer Transaktion zukünftig Treuhandverhältnisse vereinbart werden.

A. Überblick über das Refinanzierungsregister

I. Der Begriff, das Wesen und die Rechtsnatur des Refinanzierungsregisters

1. Der Begriff des „Refinanzierungsregisters"

Der Begriff des Refinanzierungsregisters ist an die Funktion des Registers, eine Unternehmensrefinanzierung zu ermöglichen,[199] angelehnt. Der Begriff ist sehr allgemein gehalten und lässt noch keinen Schluss auf die Funktionsweise des Registers zu. Insbesondere wird nicht der Eindruck vermittelt, dass es sich um ein privat geführtes Register handelt. Vielmehr deutet das Wort „Register" darauf hin, dass es von einer öffentlichen Stelle geführt wird und von ihm auch in irgendeiner Weise ein Schutz des guten Glaubens ausgeht.[200]

Wegen der Allgemeinheit des Wortes „Refinanzierung" wird auch noch keine Einschränkung hinsichtlich des Anwendungsbereichs des Refinanzierungsregisters bewirkt. Dies steht im Einklang mit den sehr weit gehaltenen Ausführungen in der Gesetzesbegründung. Danach sollen allgemein True-Sale ABS-Transaktionen und Pfandbriefemissionen[201] ermöglicht werden.[202] Insbesondere sollen die Regelungen auch gegenüber neuen Formen der Refinanzierung offen

---

199 Gesetzesbegründung allgemeiner Teil, S. 15 f.
200 Dieser wird jedoch durch § 22j Abs. 2 Satz 3 KWG ausgeschlossen.
201 Pfandbriefemissionen sollen im Rahmen dieser Arbeit nicht näher untersucht werden. Im Folgenden wird daher auf diese nicht weiter eingegangen.
202 Gesetzesbegründung allgemeiner Teil, S. 15 f., 18.

und nicht „auf die zum gegenwärtigen Zeitpunkt an den Kapitalmärkten abgeschlossenen Geschäfte beschränkt sein".[203]

2. Das Wesen des Refinanzierungsregisters

Bei dem Refinanzierungsregister handelt es sich um ein privat geführtes Register.[204] Es steht damit im Gegensatz etwa zum Grundbuch und zum Handelsregister, die öffentlich geführt werden. Im Unterschied zum Deckungsregister des Pfandbriefgesetzes (vgl. § 5 Abs. 1 Satz 1 PfandBG) besteht gem. § 22a Abs. 2 KWG auch keine Pflicht zur Führung des Refinanzierungsregisters. Sofern ein Refinanzierungsregister geführt wird, ist das registerführende Unternehmen in der Registerführung weitestgehend frei. So ist es nicht verpflichtet, sämtliche Vermögensgegenstände, die an die Zweckgesellschaft veräußert wurden, in das Register einzutragen. Insbesondere müssen keine Vermögensgegenstände anderer Refinanzierungstransaktionen in das Register eingetragen werden.[205]

Das Refinanzierungsregister vermittelt auch keinen Gutglaubensschutz. Wurden Gegenstände eingetragen, auf deren Übertragung zwar ein Anspruch besteht, die aber nicht im Eigentum des Refinanzierungsunternehmens stehen, entfaltet die Eintragung gem. § 22j Abs. 1 Satz 1 KWG keine Wirkung. Auf eine etwaige Gutgläubigkeit kommt es dabei nicht an. Dies wird in § 22j Abs. 2 Satz 5 KWG noch einmal explizit für im Refinanzierungsregister eingetragene Gegenstände geregelt, die der Absicherung anderer Gegenstände dienen. Danach findet § 1157 Satz 2 BGB auf im Refinanzierungsregister eingetragene Gegenstände von Sicherungsgebern keine Anwendung. Die §§ 892, 894 bis 899 und 1040 BGB gelten mithin nicht. Die Vorschrift des § 22j Abs. 2 Satz 5 KWG hat jedoch nur deklaratorische Bedeutung.[206]

Die Schuldner des Refinanzierungsunternehmens werden durch § 22j Abs. 2 Sätze 2, 3 KWG geschützt. Danach können die Schuldner der Forderungen auch im Fall der Aussonderung oder Übertragung der Forderungen an den Übertragungsberechtigten bzw. der Übertragung an einen Dritten durch den Übertragungsberechtigten alle Einwendungen und Einreden geltend machen. § 1156

---

203 Gesetzesbegründung zu Nummer 2 b, S. 16.
204 Gesetzesbegründung zu § 22b, S. 16.
205 *Tollmann* ZHR 2005, 594, 610.
206 Gesetzesbegründung zu § 22j, S. 24.

Satz 1 BGB ist ausgeschlossen. Der Erwähnung dieser Vorschrift in § 22j Abs. 2 Satz 3 KWG kommt jedoch wiederum nur klarstellende Funktion zu.[207] Daneben hat die Eintragung in das Refinanzierungsregister etliche Gemeinsamkeiten mit der Eintragung einer Vormerkung. Dies wird nicht zuletzt dadurch deutlich, dass sowohl die Begründung des Referentenentwurfs als auch die Gesetzesbegründung – allerdings nur im Rahmen des § 22a KWG – auf den § 883 Abs. 1 Satz 2 BGB verweisen. Danach können „entsprechend allgemeinen Regeln" auch künftige oder bedingte Übertragungsansprüche in das Refinanzierungsregister eingetragen werden.[208] Eine weitere Gemeinsamkeit besteht in Bezug auf die Rechtswirkungen, die jeweils nur nach Eintragung der Gegenstände, auf deren Übertragung ein Anspruch besteht, in das Refinanzierungsregister bzw. der Vormerkung in das Grundbuch entstehen. Sowohl das Refinanzierungsregister als auch die Vormerkung dienen der Sicherung eines Übertragungsanspruchs. Dies geschieht, indem das Refinanzierungsregister dem Übertragungsberechtigten gem. § 22j Abs. 1 Satz 1 KWG ein Aussonderungsrecht gem. § 47 InsO gewährt und der Vormerkungsberechtigte sich gem. § 106 InsO gleich einem Aussonderungsberechtigten befriedigen kann.[209] Die Vormerkung geht in ihren Rechtswirkungen allerdings noch weiter als das Refinanzierungsregister. So sind vormerkungswidrige Verfügungen gem. § 883 Abs. 2 Satz 1 BGB gegenüber dem Vormerkungsberechtigten unwirksam, während das Refinanzierungsunternehmen gem. § 22j Abs. 1 Satz 3 KWG weiterhin unbeschränkt über den eingetragenen Gegenstand verfügen kann. Darüber hinaus kann die Vormerkung gem. § 893 BGB gutgläubig erworben werden,[210] was auf ihre Eintragung im Grundbuch zurückzuführen ist.

Die Regelungen über das Refinanzierungsregister sind daneben mit § 392 Abs. 2 HGB vergleichbar.[211] Danach gelten bei einem Kommissionsgeschäft solche Forderungen, die noch nicht abgetreten sind, im Verhältnis zwischen dem Kommittenten und dem Kommissionär oder dessen Gläubigern als Forderungen des Kommittenten. Der Kommittent hat demnach nicht nur einen Anspruch auf Übertragung der Forderung, sondern es wird zusätzlich eine Übertragung der For-

---

207 Die Gesetzesbegründung misst zwar nur § 22j Abs. 2 Satz 5 KWG klarstellende Funktion zu. Dies muss aufgrund der identischen Systematik zu den Sätzen 4 und 5 jedoch auch für § 22j Abs. 2 Satz 3 KWG gelten.

208 Begründung des Referentenentwurfs zu § 22a, S. 43; Gesetzesbegründung zu § 22a, S. 18; Genau genommen werden jedoch nicht die Übertragungsansprüche, sondern nur die Gegenstände, auf deren Übertragung ein Anspruch besteht, eingetragen. Die Gesetzesbegründung zu § 22a KWG ist insoweit ungenau (siehe auch *Kokemoor/Küntzer* BB 2006, 1869, 1871).

209 *Ott* in Münchener Kommentar, InsO, § 106 Rn. 1.

210 BGHZ 57, 341.

211 So auch *Fleckner* WM 2004, 2051, 2062.

derungen fingiert (vgl. „gelten"). In der Insolvenz des Kommissionärs kann der Kommittent daher ein Aussonderungsrecht gem. § 47 InsO geltend machen.[212] Eine solche Übertragungsfiktion statuiert § 22j KWG im Gegensatz zu § 22i RefEntw zwar nicht. § 22j Abs. 1 Satz 1 KWG regelt aber, dass der Übertragungsberechtigte wegen der eingetragenen Gegenstände ebenfalls ein Aussonderungsrecht gem. § 47 InsO geltend machen kann. Für die Art und Weise der Aussonderung sind jeweils gem. § 47 Satz 2 InsO die allgemeinen zivilrechtlichen Vorschriften maßgebend.[213] Die Forderungen (§ 392 HGB) bzw. die in das Refinanzierungsregister eingetragenen Gegenstände müssen demnach noch übertragen werden. Für die Forderungen des Kommittenten bedeutet dies, dass diese trotz der Fiktion des § 392 Abs. 2 HGB gem. § 398 BGB abgetreten werden müssen. Für die zu übertragenden Grundschulden[214] müssen dagegen noch die übrigen Übertragungsvoraussetzungen erfüllt werden. Es muss daher insbesondere eine Eintragung im Grundbuch vorgenommen werden.

3. Die Rechtsnatur des Refinanzierungsregisters

Ausgangspunkt für die Bestimmung der Rechtsnatur des Refinanzierungsregisters ist § 22j Abs. 1 Satz 1 KWG. Danach können „Gegenstände des Refinanzierungsunternehmens, die ordnungsgemäß im Refinanzierungsregister eingetragen sind, ... im Fall der Insolvenz des Refinanzierungsunternehmens vom Übertragungsberechtigten nach § 47 der Insolvenzordnung ausgesondert werden." Der Übertragungsberechtigte erhält durch Eintragung seiner Übertragungsansprüche demnach ein Aussonderungsrecht. Dies ist für ihn von großem Vorteil, da er lediglich einen schuldrechtlichen Anspruch gegen das Refinanzierungsunternehmen hat. Ein Aussonderungsrecht würde ihm somit grundsätzlich nicht zustehen.[215] Diese Regelung stellt daher einen Fremdkörper im deutschen Rechtssystem dar.

Daneben kann das Refinanzierungsregister wegen seiner Ähnlichkeit zur Vormerkung und seines Ausnahmecharakters ebenso als ein Sicherungsmittel eigener Art bezeichnet werden.[216] Zwar schützt die Eintragung der Gegenstände, auf

---

212 BGHZ 104, 123.
213 *Eickmann* in Heidelberger Kommentar, InsO, § 47 Rn. 1.
214 Der Einfachheit halber wird hier nur auf Grundschulden Bezug genommen. Für die anderen Grundpfandrechte müssen die entsprechenden Vorschriften eingehalten werden.
215 *Hahn*, Materialien, Bd. IV, KO, S. 157 ff; Genaueres zum Aussonderungsrecht allgemein und zur Rechtsnatur des durch § 22j Abs. 1 KWG vermittelten Aussonderungsrechts unten unter IV.
216 Für die Vormerkung siehe BGH DNotZ 1975, 414; so auch *Tollmann* WM 2005, 2017, 2025.

deren Übertragung der Übertragungsberechtigte einen Anspruch hat, nicht vor Zwischenverfügungen durch das Refinanzierungsunternehmen, da keine mit § 883 Abs. 2 Satz 1 BGB vergleichbare Regelung besteht. Genau wie § 106 InsO bei der Vormerkung verschafft § 22j Abs. 1 KWG jedoch auch dem Übertragungsberechtigten, sofern die Gegenstände ordnungsgemäß in das Refinanzierungsregister eingetragen sind, ein Aussonderungsrecht bzw. ein Ersatzaussonderungsrecht in der Insolvenz des Refinanzierungsunternehmens.[217] Beiden ist also auch gemein, dass der zur Übertragung Verpflichtete wegen dieser Verpflichtung in gewisser Weise treuhänderisch für den Übertragungsberechtigten[218] tätig wird. Daneben bestehen weitere Gemeinsamkeiten mit der Vormerkung. So ist die durch die Eintragung vermittelte Sicherungswirkung gem. § 22a KWG akzessorisch zu dem ihr zugrunde liegenden Übertragungsanspruch.[219] Zudem wird jeweils ein schuldrechtlicher Anspruch auf dingliche Rechtsänderung geschützt.[220] Dabei ist die Eintragung nicht auf bereits bestehende Ansprüche beschränkt, sondern es können gemäß dem Regelungsbereich des § 883 Abs. 1 Satz 2 BGB auch künftige oder bedingte Ansprüche in das Refinanzierungsregister eingetragen werden.

Darüber hinaus betont der Gesetzgeber selbst, dass es sich um eine Ausnahmeregelung handelt. So bezieht sich „die Regelung ... auf die besonderen Anforderungen des Pfandbriefmarktes und von True-Sale-Verbriefungen. Es handelt sich ausschließlich um eine Regelung der im Gesetz vorgesehenen Fälle, die keine Aussagen über die Zulässigkeit und Wirkung anderer Treuhand-Modelle trifft."[221]

II. Das Refinanzierungsregister im Verhältnis zu anderen Registern

Im Verhältnis zu anderen Registern weist das Refinanzierungsregister etliche Besonderheiten auf. Dies zeigt insbesondere ein Vergleich mit dem Grundbuch, dem Handelsregister sowie dem Deckungsregister nach dem PfandbriefG.[222]

---

217 Für die Vormerkung: Der Anspruch ist zwar auf Befriedigung aus der Insolvenzmasse gerichtet, wirkt jedoch faktisch wie ein Aussonderungsrecht.
218 Der „Übertragungsberechtigte" ist hier für die Vormerkung im allgemeinen und für das Refinanzierungsregister im Sinne des § 22d Abs. 2 Satz 1 Ziff. 1 KWG zu verstehen.
219 Für die Vormerkung BGH NJW 2002, 2313.
220 Für die Vormerkung siehe *Bassenge* in Palandt, BGB, § 883 Rn. 1.
221 Gesetzesbegründung allgemeiner Teil, S. 16.
222 Auf das Hypothekenregister/Deckungsregister nach dem HBG soll nicht eingegangen werden, da dieses mit dem Deckungsregister nach dem PfandbriefG identisch ist und somit das hierzu Gesagte entsprechend gilt; s. hierzu auch: Das Pfandbriefgesetz, Textsammlung und Materialien, S. 94 f.

1. Das Verhältnis zu öffentlich geführten Registern

Das Verhältnis zu öffentlich geführten Registern soll anhand des Grundbuchs und des Handelsregisters gezeigt werden.

a) Das Grundbuch

Im Vergleich zum Grundbuch fällt zunächst auf, dass dieses wesentlich aufwendiger und formaler zu führen ist als das Refinanzierungsregister. So bedarf es gem. § 13 Abs. 1 Satz 1 GBO zunächst eines Antrags auf Eintragung der Rechtsänderung beim Grundbuchamt (sog. Antragsprinzip). Der Antrag muss dabei aufgrund des Spezialitätsprinzips so detailliert gestellt sein, dass die privatrechtlich-dinglichen Rechtsverhältnisse in hinreichend deutlicher Weise wiedergegeben werden. Dies ist nach dem Spezialitätsprinzip dann der Fall, wenn das betreffende Recht nach Inhalt und Umfang klar, unverwechselbar und eindeutig gegenüber anderen Rechten am Grundstück abgrenzbar beschrieben wird.[223] Daneben bedarf es zur Eintragung gem. § 19 GBO noch der Bewilligung desjenigen, dessen Recht von der Eintragung betroffen ist (sog. Bewilligungsprinzip). Diese formelle Verfahrensweise wird durch das sog. Legalitätsprinzip unterstützt. Danach besteht eine besonders enge Bindung des Grundbuchamts an die gesetzlichen Eintragungsvoraussetzungen,[224] bei deren Nichteinhaltung eine Eintragung durch das Grundbuchamt nicht vorgenommen würde. Diese und noch weitere Prinzipien, die hier allerdings nicht genannt werden müssen, dienen dem Anspruch des Grundbuchs auf Richtigkeit und Zuverlässigkeit.[225] Erst durch ihre Verbindung – und nicht durch jedes für sich allein – kann das Grundbuch das nötige Vertrauen des Verkehrs für sich beanspruchen und den durch die §§ 892, 893 BGB vermittelten Gutglaubensschutz gewähren und gewährleisten.

Einer solch formalen Vorgehensweise in Bezug auf die Eintragung bedarf es beim Refinanzierungsregister nicht. Es bestehen hinsichtlich des Umfangs der einzutragenden Tatsachen gewisse Regelungen. Die Vorgehensweise bei der Eintragung richtet sich nach der RefRegVO. Das Refinanzierungsregister vermittelt allerdings auch keinen Gutglaubensschutz. Dennoch muss der Verkehr auch beim Refinanzierungsregister zunächst von der Richtigkeit der Eintragung ausgehen. Diese Vermutung kann jedoch widerlegt werden. Dies ergibt sich aus § 22d Abs. 3 KWG, der bestimmt, dass Gegenstände nicht ordnungsgemäß eingetragen sind, „soweit nach Absatz 2 erforderliche Angaben fehlen oder Eintra-

223 *Bauer* in Bauer/von Oefele, GBO, AT I 10.
224 *Bauer* in Bauer/von Oefele, GBO, AT I 26.
225 *Bauer* in Bauer/von Oefele, GBO, AT I 19, 27.

gungen unrichtig sind oder keine eindeutige Bestimmung einzutragender Angaben zulassen, ..." Durch diese Formulierung wird die Darlegungs- und Beweislast auf denjenigen übertragen, der die nicht ordnungsgemäße Eintragung behauptet. Um auch beim Refinanzierungsregister trotz der privaten Führung eine gewisse Richtigkeit und Zuverlässigkeit zu gewährleisten, muss ein Verwalter für das Register bestellt werden. Die Bestellung erfolgt gem. § 22e Abs. 2 Satz 1 KWG durch die Bundesanstalt für Finanzdienstleistungsaufsicht (BaFin) auf Vorschlag des registerführenden Unternehmens. Gem. § 22e Abs. 2 Satz 2 KWG soll die Bundesanstalt die vorgeschlagene Person zum Verwalter bestellen, wenn deren Unabhängigkeit, Zuverlässigkeit und Sachkunde gewährleistet erscheint. Es findet daher ein Prüfung durch die BaFin statt, bei der sie neben dem öffentlichen Interesse an einer ordnungsgemäßen Führung des Refinanzierungsregisters auch die Interessen der zukünftigen Übertragungsberechtigten zu berücksichtigen hat.[226]

Das Refinanzierungsregister unterscheidet sich vom Grundbuch auch in Bezug auf die Möglichkeit der Einsichtnahme. So bedarf es für die Einsichtnahme des Grundbuchs gem. § 12 GBO eines berechtigten Interesses. Als ein solches wird ein verständiges, durch die Sachlage gerechtfertigtes Interesse angesehen. Dabei reichen auch bloße tatsächliche, insbesondere wirtschaftliche Interessen aus.[227] Solche Interessen sind beispielsweise ein dingliches Recht, der Verkauf eines Grundstücks oder die Vollstreckung in ein Grundstück sowie die Bestellung eines Grundpfandrechts. Trotz der Notwendigkeit eines berechtigten Interesses, ist die Einsichtnahme rein tatsächlich jedoch leichter zu erlangen als in das Refinanzierungsregister, bei dem das Erfordernis eines berechtigten Interesses nicht besteht. Dies hängt einerseits damit zusammen, dass ein berechtigtes Interesse bereits dargelegt ist, wenn sachliche Gründe vorgetragen werden, die unbefugte Zwecke oder bloße Neugier ausgeschlossen erscheinen lassen.[228] Andererseits hängt dies mit den Örtlichkeiten zusammen, an denen die Register geführt werden. Während das Grundbuch bei den Amtsgerichten (§ 1 GBO) geführt wird, also jedermann zugänglich ist, werden die Refinanzierungsregister gem. § 22b KWG bei den Kreditinstituten bzw. der Kreditanstalt für Wiederaufbau geführt. Diese werden nicht jedermann Einsicht gewähren und die Führung der Register zudem nicht publik machen.

---

226 Gesetzesbegründung zu § 22e, S. 21.
227 *Bauer* in Bauer/von Oefele, GBO, § 12 Rn. 9.
228 OLG Stuttgart Rpfleger 1983, 272; OLG Hamm DNotZ 1986, 497.

b) Das Handelsregister

Das Handelsregister wird von einer öffentlichen Stelle, dem Registergericht geführt. Die Registergerichte sind nach § 125 Abs. 1, 2 FGG die Amtsgerichte.
Gegenüber dem Refinanzierungsregister ist auch das Handelsregister wesentlich
aufwendiger und formaler zu führen. So muss auch hier die Eintragung in der
Regel angemeldet werden mit Ausnahme der Eintragungen, die von Amts wegen vorgenommen werden. Letzteres betrifft beispielsweise die Eintragung nach
§ 32 HGB bei Eröffnung des Insolvenzverfahrens über das Vermögen eines
Kaufmanns. Das Gleiche gilt für die Beseitigung bzw. Löschung von Eintragungen. Sie können von Amts wegen insbesondere gem. § 142 FGG erfolgen, wenn
eine Eintragung trotz des „Mangels einer wesentlichen Voraussetzung bewirkt"
wurde, also unzulässig war. Hingegen muss die Löschung einer Eintragung im
Refinanzierungsregister nicht beantragt werden, sondern der Übertragungsberechtigte muss gem. § 22d Abs. 1 Satz 1 KWG grundsätzlich nur zustimmen.
Handelt es sich um eine fehlerhafte Eintragung, ist gem. § 22d Abs. 5 Satz 2
KWG nur die Zustimmung des Verwalters notwendig. Um diese Voraussetzungen zu protokollieren, sind gem. § 22d Abs. 5 Satz 3 KWG die Korrektur, ihr
Zeitpunkt und die Zustimmung des Verwalters im Refinanzierungsregister ein-
zutragen.

Die Eintragung im Handelsregister kann lediglich deklaratorische, aber auch
konstitutive Bedeutung haben. Im Refinanzierungsregister hat eine Eintragung
wegen § 22j KWG hingegen überwiegend konstitutive Bedeutung. Dennoch
kommt auch beim Refinanzierungsregister eine bloß deklaratorische Bedeutung
der Eintragung in Betracht. So besteht die Möglichkeit, Übertragungsansprüche
einzutragen, obwohl die Forderung oder der Gegenstand bereits an den Übertragungsberechtigten übertragen worden ist.[229] Dann würde im Fall der Insolvenz
des Refinanzierungsunternehmens schon aufgrund der bereits erfolgten Übertragung ein Aussonderungsrecht bestehen, so dass es der Wirkungen des § 22j
KWG nicht mehr bedarf.

Im Unterschied zum Verwalter des Refinanzierungsregisters prüft das Registergericht, ob die formellen und materiellen Voraussetzungen einer Eintragung vorliegen.[230] Die Prüfung erfolgt jedoch nicht umfassend, sondern es reicht aus,
wenn dem Gericht die ihm mitzuteilenden Tatsachen glaubhaft gemacht wer-

---

229 Siehe zur Möglichkeit einer solchen Eintragung weiter unten unter A V 6; Gesetzesbegründung zu § 22a, S. 18.
230 *Hopt* in Baumbach/Hopt, HGB, § 8 Rn. 7 ff; Siehe zum Prüfungsumfang des Verwalters
   unten A III 2 a.

den.[231] Durch die Eintragung wird auch keine Vermutung für deren Richtigkeit begründet. [232] Das Handelsregister genießt öffentlichen Glauben somit lediglich im Rahmen der Publizitätsvorschrift des § 15 HGB. Es besteht daher kein den §§ 891, 892 BGB vergleichbarer Schutz des guten Glaubens.

Die Einsicht in das Handelsregister ist – genau wie beim Grundbuch – bedeutend einfacher zu erlangen als in das Refinanzierungsregister. Zwar unterliegt das Handelsregister formalrechtlich einer gewissen Beschränkung, die das Refinanzierungsregister nicht aufweist. So ist die Einsichtnahme gem. § 9 Abs. 1 HGB jedermann zu Informationszwecken gestattet. Dieses Zweckerfordernis ist allerdings vor dem Hintergrund von europarechtlichen Vorgaben sehr weit zu verstehen.[233] Eine Versagung der Einsichtnahme kommt daher praktisch nicht in Betracht. Insbesondere bedarf es keines berechtigten Interesses.

2. Das Verhältnis zum Deckungsregister

Ebenso wie das Deckungsregister ist das Refinanzierungsregister ein privates, von einem Kreditinstitut zu führendes Register.[234] Dabei spricht der Gesetzgeber in der Gesetzesbegründung selbst davon, dass sich die registerführenden Unternehmen „hinsichtlich der Grundkonzeption [der Führung] des Refinanzierungsregisters an den Registern der Pfandbriefemittenten [also den Deckungsregistern] orientieren können."[235] Lediglich der Umfang der in das Refinanzierungsregister einzutragenden Angaben soll sehr viel geringer sein.[236] Dass der Gesetzgeber bei der Schaffung des Refinanzierungsregisters das Deckungsregister vor Augen hatte,[237] zeigt er auch an anderer Stelle der Gesetzesbegründung. So soll „die Führung und Überwachung des Refinanzierungsregisters weniger detailliert ausgestaltet sein als die des Deckungsregisters."[238] Dies betrifft beispielsweise den Aufgabenbereich des beim Deckungsregister eingesetzten Treuhänders, der dem Verwalter des Refinanzierungsregisters ähnlich ist. Die Pflich-

---

231 RGZ 140, 174, 181; *Hopt* in Baumbach/Hopt, HGB, § 9 Rn. 4.
232 *Hopt* in Baumbach/Hopt, HGB, § 9 Rn. 4.
233 Siehe hierzu *Hopt* in Baumbach/Hopt, HGB, § 9 Rn. 1.
234 Durch die Einführung des PfandBG können nun alle Kreditinstitute, die die Voraussetzungen der §§ 1, 2 PfandBG erfüllen, Pfandbriefe ausgeben. Vorher waren zur Pfandbriefausgabe nur die Hypothekenbanken (HBG) und öffentlich-rechtliche Kreditanstalten (ÖPG) berechtigt (Gesetzentwurf zum PfandBG vom 13. Oktober 2004, S. 26 in Pfandbriefgesetz, Textsammlung und Materialien, S. 85).
235 Zur weiteren Regelung der Form sowie Art und Weise der Führung der beiden Register wurden durch die BaFin die sog. RefiRegVO sowie die DeckungsRegVO erlassen.
236 Gesetzesbegründung zu § 22d, S. 19.
237 So auch *Tollmann* WM 2005, 2017, 2025.
238 Gesetzesbegründung Allgemeiner Teil, S. 18.

ten des Treuhänders sind weitergehend; er muss beispielsweise gem. § 8 Abs. 1 PfandBG prüfen, ob eine vorschriftsmäßige Deckung der emittierten Pfandbriefe jederzeit vorhanden ist. Demnach hat er nicht nur ein formales, sondern auch ein materielles Prüfungsrecht, da hierzu auch eine Überprüfung der Eigentumslage bezüglich der Deckungswerte erforderlich ist.

Eine Vergleichbarkeit der beiden Register besteht auch hinsichtlich deren Zwecksetzung. So dient das Deckungsregister der rechtlichen Sicherstellung der Pfandbriefgläubiger. Es soll die Werte kenntlich machen, an denen den Pfandbriefgläubigern ein Recht auf vorzugsweise Befriedigung zusteht.[239] Es dient jedoch nicht dazu, das Gleichgewicht zwischen den Deckungswerten und den Pfandbriefen zu überwachen.[240] Das Refinanzierungsregister soll ebenfalls bestimmte Personen rechtlich sicherstellen; nämlich die eingetragenen Übertragungsberechtigten, indem ihnen gem. § 22j KWG ein Aussonderungsrecht gem. § 47 InsO gewährt wird. Beiden Registern haftet allerdings die Schwäche an, dass sie die Verfügungsbefugnis der Eigentümer der eingetragenen Gegenstände nicht unterbinden können.

Im Unterschied zum Refinanzierungsregister sind die Pfandbriefbanken gemäß § 5 PfandBG verpflichtet, ein Deckungsregister zu führen. Die Führung des Refinanzierungsregisters hingegen erfolgt gem. § 22a Abs. 1 Satz 1 KWG auf freiwilliger Basis. Dabei steht es den registerführenden Unternehmen sogar für den Fall, dass sie ein Refinanzierungsregister führen, frei, ob und welche Gegenstände sie in das Register eintragen, da sie zur Eintragung nicht verpflichtet sind.[241]

Unterschiede bestehen auch in Bezug auf fehlerhafte Eintragungen. Beim Deckungsregister bewirken formelle Fehler bei der Eintragung (z. B. Schreibfehler) der Deckungswerte nicht, dass die Eintragung unrichtig wird. Das Recht der Pfandbriefgläubiger auf vorzugsweise Befriedigung bleibt hiervon somit unberührt. Das gleiche gilt für die Eintragung von inhaltlich fehlerhaften Deckungswerten wie beispielsweise einem falsch taxierten Grundstück.[242] Beim Refinanzierungsregister hingegen bestimmt § 22d Abs. 3 KWG, dass die betroffenen Gegen-stände nicht ordnungsgemäß eingetragen sind, soweit nach Abs. 2 erforderliche Angaben fehlen, Eintragungen unrichtig sind oder keine eindeutige Bestimmung einzutragender Angaben zulassen. In diesem Fall besteht kein Aus-

---

239 *Bellinger/Kerl*, Hypothekenbankgesetz, § 22 Rn. 3.
240 *Hofmann*, Hypothekenbankgesetz, § 22 Rn. 1.
241 Gesetzesbegründung zu § 22a, S. 18.
242 *Hofmann*, Hypothekenbankgesetz, § 22 Rn. 9.

sonderungsrecht gem. § 47 InsO, da die Wirkungen des § 22j KWG nicht eintreten.

III. Die Errichtung, Führung und Überwachung des Refinanzierungsregisters

Die Kreditinstitute bzw. die in § 2 Abs. 1 Ziff. 1 bis 3a KWG genannten Einrichtungen[243] müssen nicht für jede Refinanzierungstransaktion ein eigenes Refinanzierungsregister führen. Nach § 22a Abs. 1 Satz 2 KWG müssen sie hierfür nur jeweils eine gesonderte Abteilung innerhalb des Refinanzierungsregisters bilden. Es reicht daher, wenn insgesamt nur ein einziges Register geführt wird. Welche Voraussetzungen für dessen Errichtung erfüllt sein müssen und wie dieses zu führen ist, wird im Folgenden dargestellt.

1. Die Voraussetzungen der Errichtung des Refinanzierungsregisters

Grundvoraussetzung für die Errichtung eines Refinanzierungsregisters ist zunächst, dass es sich bei dem registerführenden Unternehmen um ein Kreditinstitut oder eine in § 2 Abs. 1 Ziff. 1 bis 3a KWG genannte Einrichtung handelt. Anderen Unternehmen ist nicht gestattet, ein Refinanzierungsregister zu führen. Die Aufzählung in § 22a Abs. 1 Satz 1 KWG soll nach dem Willen des Gesetzgebers abschließend sein.[244]

Zu erwähnen ist, dass unbeschadet einer vertraglichen Verpflichtung gem. § 22a Abs. 2 Satz 1 KWG keine gesetzliche Pflicht des Refinanzierungsunternehmens besteht, ein Refinanzierungsregister zu führen. Das Refinanzierungsunternehmen ist auch nicht zur Eintragung verpflichtet, wenn schon ein Refinanzierungsregister besteht und noch weitere Gegenstände zum Zwecke der Refinanzierung veräußert werden.[245] Die Eintragung in ein Refinanzierungsregister soll nur eine zusätzliche Möglichkeit zu den schon angewandten Verfahrensweisen geben. Dies betrifft etwa die Sicherungsübertragung oder die treuhänderische Verwaltung der Refinanzierungsgegenstände.[246]

---

243 Dies sind die Deutsche Bundesbank (Ziff. 1), die Kreditanstalt für Wiederaufbau (Ziff. 2), die Sozialversicherungsträger und die Bundesagentur für Arbeit (Ziff. 3) und die öffentliche Schuldenverwaltung des Bundes, eines seiner Sondervermögen, eines Landes oder eines anderen Staates des Europäischen Wirtschaftsraumes und deren Zentralbanken, sofern diese nicht fremde Gelder als Einlagen oder andere rückzahlbare Gelder des Publikums annehmen oder Gelddarlehen oder Akzeptkredite gewähren (Ziff. 3a).

244 Gesetzesbegründung zu § 22b, S. 18.

245 Gesetzesbegründung zu § 22b, S. 18; *Tollmann* ZHR 169 (2005), 594, 610.

246 Gesetzesbegründung zu § 22b, S. 18.

Darüber hinaus muss das registerführende Unternehmen die notwendige Infrastruktur und Größe aufweisen, um ein Register führen zu können. Die Registerführung darf daher keine nach Art und Umfang des Geschäftsbetriebes unangemessene Belastung darstellen. Diese liegt vor, wenn „das Führen des Refinanzierungsregisters einen zu den Vorteilen der Refinanzierung außer Verhältnis stehenden Aufwand bedeutet."[247] Als Maßstab ließen sich einerseits die Bilanzsumme des Kreditinstituts, das Transaktionsvolumen und die zu erwartende Anzahl von Refinanzierungstransaktionen und andererseits der prognostizierte Verwaltungs- und Kostenaufwand sowie die Kostenvorteile einer Beauftragung eines anderen Kreditinstituts heranziehen.[248] Im Fall der Unangemessenheit soll gem. § 22b Abs. 2 Satz 1 KWG die BaFin auf Antrag des Refinanzierungsunternehmens der Führung des Refinanzierungsregisters durch ein anderes Kreditinstitut zustimmen. Dies soll hauptsächlich kleinere Kreditinstitute betreffen und solche, die nur sehr selten Forderungen und die diese sichernden Grundpfandrechte zum Zwecke der Refinanzierung veräußern.[249] Als Beispiele lassen sich hier die nur regional tätigen Sparkassen und Volks- und Raiffeisenbanken nennen.[250]

2. Die Führung und Überwachung des Refinanzierungsregisters

Die Führung des Refinanzierungsregisters obliegt den registerführenden Unternehmen. Dies sind – wie schon oben erwähnt – Kreditinstitute sowie die in § 2 Abs. 1 Ziff. 1 bis 3a KWG genannten Einrichtungen.

a) Der Verwalter des Refinanzierungsregisters

Die ordnungsgemäße Registerführung muss durch besondere Vorkehrungen sichergestellt werden. Dies ist zum einen wegen der weitreichenden Konsequenzen einer Eintragung notwendig. Zum anderen muss das Vertrauen des Verkehrs in das Refinanzierungsregister gestärkt werden. Es kann naturgemäß nicht in gleichem Maße Vertrauen für sich in Anspruch nehmen wie etwa das Grundbuch, da es sich bei dem Refinanzierungsregister um ein privat geführtes Register handelt. Aus diesem Grunde ist gem. § 22e Abs. 1 Satz 1 KWG bei jedem registerführenden Unternehmen eine natürliche Person als Verwalter des Refinanzierungsregisters zu bestellen. Die Bestellung erfolgt gem. § 22e Abs. 2 Satz 1 KWG durch die BaFin auf Vorschlag des registerführenden Unternehmens. Das ausschließliche Vorschlagsrecht hat seinen Grund in den besonderen Rech-

247 Gesetzesbegründung zu § 22b, S. 19.
248 *Tollmann* ZHR 169 (2005), 594, 611 Fn. 69.
249 Beispiele in der Gesetzesbegründung zu § 22b, S. 19.
250 *Tollmann* ZHR 169 (2005), 594, 611.

ten des Verwalters aus § 22h Abs. 1 KWG. Danach kann er Einsicht in die Bücher und Papiere des registerführenden Unternehmens erlangen und erhält somit besonders sensible Informationen über das registerführende Unternehmen.[251] Es muss deshalb ein „hinreichendes Vertrauen" in die Person des Verwalters haben.[252] Die BaFin überprüft gem. § 22e Abs. 1 Satz 2 KWG lediglich, ob die Unabhängigkeit, Zuverlässigkeit und Sachkunde des Verwalters gewährleistet erscheint. Sie prüft demnach, ob Anhaltspunkte vorliegen, die einer Bestellung als Verwalter entgegenstehen. Bei ihrer Entscheidung hat die BaFin nicht nur die Interessen der eingetragenen bzw. einzutragenden Übertragungsberechtigten angemessen zu berücksichtigen (§ 22e Abs. 2 Satz 2 KWG). Sie hat daneben auch das öffentliche Interesse an einer ordnungsgemäßen Kontrolle des Refinanzierungsregisters in ihre Entscheidung einzubeziehen.[253] Obwohl letzteres Interesse nicht in den Gesetzestext mit aufgenommen wurde, scheint der Gesetzgeber hierauf besonderen Wert zu legen. In der Gesetzesbegründung führt er es noch vor den Interessen der Übertragungsberechtigten an. Die Prüfung der BaFin hat demnach, obwohl dies nicht explizit vom Gesetz vorgegeben ist, das öffentliche Interesse an einer ordnungsgemäßen Registerführung in besonderem Maße mit einzubeziehen.

Die Aufgabe des Verwalters ist gem. § 22g Abs. 1 KWG, die ordnungsgemäße Führung des Refinanzierungsregisters zu überwachen. Die Registerführung selbst ist demnach nicht seine Aufgabe.[254] Der Verwalter hat dabei lediglich ein formales Überwachungs- und Prüfungsrecht, das sich an den Vorgaben des § 22g Abs. 2 KWG orientiert. Er überprüft daher nicht die inhaltliche Richtigkeit des Refinanzierungsregisters (§ 22g Abs. 2 Satz 2 KWG) oder ob die eingetragenen Gegenstände eintragungsfähig und solche des Refinanzierungsunternehmens sind.[255] Daneben kann sich der Verwalter gem. § 22g Abs. 3 KWG zur Durchführung seiner Aufgaben anderer Personen oder Einrichtungen bedienen. Diese Regelung soll eine wirksame Überwachung auch für den Fall gewährleisten, dass bestimmte Aspekte besonderer Kenntnisse bedürfen, die auf Seiten des Verwalters nicht vorhanden sind.[256] Der Verwalter ist bei der Überwachung gegenüber der BaFin frei und nicht an deren Weisungen gebunden (§ 22f Abs. 2 KWG). Er hat ihr lediglich gem. § 22f Abs. 1 KWG auf Verlangen Auskunft

---

251 Das gleiche gilt gem. § 22h Abs. 1 Satz 2 im Fall des § 22b gegenüber dem Refinanzierungsunternehmen.
252 Gesetzesbegründung zu § 22e, S. 21.
253 Gesetzesbegründung zu § 22e, S. 21.
254 Der Gesetzgeber stellt dies in der Gesetzesbegründung zu § 22g, S. 22, noch einmal ausdrücklich klar.
255 Gesetzesbegründung zu § 22g, S. 22.
256 Gesetzesbegründung zu § 22g, S. 22.

über die im Rahmen seiner Tätigkeit getroffenen Feststellungen und Beobachtungen zu erteilen und unaufgefordert mitzuteilen, wenn Umstände auf eine nicht ordnungsgemäße Registerführung hindeuten. Dabei korrespondiert die Hinweispflicht nicht mit der nur beschränkten Überwachungspflicht aus § 22g KWG, sondern geht darüber hinaus. Der Verwalter muss also auch mitteilen, wenn Umstände darauf hindeuten, dass beispielsweise die inhaltliche Richtigkeit des Refinanzierungsregisters nicht besteht. Diese Hinweispflicht folgt aus seiner Stellung als Kontrollinstanz, die er gegenüber den eingetragenen bzw. einzutragenden Übertragungsberechtigten und auch der Öffentlichkeit innehat. Auch die Gesetzessystematik spricht hierfür, denn die Hinweispflicht steht in unabhängiger Form vor der Überwachungspflicht (vgl. §§ 22f, g KWG). Dies deutet darauf hin, dass sie nicht im Zusammenhang mit der Überwachungspflicht zu sehen ist.

Darüber hinaus wurde die Überwachungspflicht des Verwalters zum einen deshalb beschränkt, weil das Refinanzierungsregister keinerlei Gutglaubenswirkung entfaltet und somit Interessen Dritter durch eine unrechtmäßige Eintragung nicht beeinträchtigt werden können.[257] Zum anderen ist es aufgrund der großen Zahl der eingetragenen Gegenstände nur sehr schwer möglich, deren Eigentumslage bzw. die Berechtigungsverhältnisse zu überprüfen. Eine entsprechende Beschränkung der Hinweispflicht geht damit aber nicht einher und würde dem Zweck der Einsetzung des Verwalters widersprechen.

In der Regel werden Hinweis- und Überwachungspflicht jedoch korrespondieren, da der Verwalter aufgrund seines eingeschränkten Aufgabenbereichs Umstände, die auf eine inhaltliche Unrichtigkeit des Refinanzierungsregisters hindeuten, nicht wahrnehmen wird.

b)   Die Art und Weise der Registerführung

Das Refinanzierungsregister kann gem. § 22d Abs. 1 Satz 1 KWG in elektronischer Form geführt werden, sofern einem Datenverlust wirksam vorgebeugt wird. Dies dürfte bei den registerführenden Unternehmen die übliche Art und Weise der Registerführung werden. Sie ist mit einem wesentlich geringeren Kosten- und Verwaltungsaufwand verbunden als eine nicht-elektronische Registerführung. Die BaFin hat nach Übertragung durch das Bundesministerium der Finanzen zusätzlich aufgrund der Ermächtigung in § 22d Abs. 1 Satz 2 KWG über die Form der Registerführung und die Art und Weise der Aufzeichnung die sog. Refinanzierungsregister-Verordnung (RefiRegVO) erlassen.

---

257 Gesetzesbegründung zu § 22g, S. 22.

c) Einzutragende Angaben

§ 22d Abs. 2 KWG enthält eine Aufzählung der Angaben, die in das Refinanzierungsregister einzutragen sind, damit eine ordnungsgemäße Eintragung im Sinne
des § 22d Abs. 3 KWG vorliegt. Diese Aufzählung ist abschließend.[258] Darüber
hinausgehende, zusätzliche Angaben im Refinanzierungsregister beeinträchtigen
die Ordnungsgemäßheit der Eintragung nicht.

Nach § 22d Abs. 2 Satz 1 Ziff. 1 KWG sind die Forderungen oder die Sicherheiten, auf deren Übertragung die im Register als übertragungsberechtigt eingetragene Zweckgesellschaft einen Anspruch hat, einzutragen. Dabei genügt die Bestimmbarkeit der eingetragenen Gegenstände durch einen Dritten. Dritter im
Sinne des § 22d KWG soll derjenige sein, „der mit den internen Vorgängen des
registerführenden Unternehmens nicht unmittelbar befasst ist."[259] Dies sind nach
§ 22d Abs. 2 Satz 2 KWG insbesondere der Verwalter, der Sachwalter, die Ba-
Fin oder der Insolvenzverwalter. Die möglichen Dritten werden in § 22d Abs. 2
Satz 2 KWG jedoch nur beispielhaft und nicht abschließend aufgezählt.[260] Neben den beispielhaft genannten Personen kann „Dritter" demnach jeder Außen-
stehende sein. Die eindeutige Bestimmbarkeit soll gegeben sein, wenn es „einem
solchen Dritten mit geringem Aufwand möglich ist, die Gegenstände anhand der
Eintragung im Refinanzierungsregister eindeutig zu bestimmen."[261] Hierbei
reicht es auch aus, wenn die eindeutige Zuordnung erst zusammen mit anderen
bereitgehaltenen Unterlagen möglich ist.

Daneben sind der Übertragungsberechtigte (§ 22d Abs. 2 Satz 1 Ziff. 2) sowie
der Zeitpunkt der Eintragung in das Refinanzierungsregister einzutragen (§22d
Abs. 2 Satz 1 Ziff. 3). Mit „Zeitpunkt" ist dabei nicht lediglich das Datum der
Eintragung gemeint, sondern auch die konkrete Uhrzeit.[262] Dies ergibt sich nicht
nur aus der Gesetzesbegründung.[263] Die Uhrzeit ist schlicht unerlässlich für die
Beantwortung der Frage, ob im Falle der Eröffnung des Insolvenzverfahrens
über das Refinanzierungsunternehmen die Wirkungen der Eintragung aus § 22j
KWG mit der Folge eingesetzt haben, dass ein Aussonderungsrecht gem. § 47
InsO besteht. Wurde das Insolvenzverfahren schon vor der Registereintragung
eröffnet, würden die Wirkungen des § 22j KWG nicht mehr eintreten.

---

258 Gesetzesbegründung zu § 22d, S. 19.
259 Gesetzesbegründung zu § 22d, S. 20.
260 Gesetzesbegründung zu § 22d, S. 20.
261 Gesetzesbegründung zu § 22d, S. 20.
262 Gesetzesbegründung zu § 22d, S. 20.
263 Gesetzesbegründung zu § 22d, S. 20.

Schließlich sind, falls ein Gegenstand als Sicherheit dient, der rechtliche Grund, der Umfang, der Rang der Sicherheit und das Datum, an dem der den rechtlichen Grund für die Absicherung enthaltende Vertrag geschlossen wurde, einzutragen (§ 22d Abs. 2 Satz 1 Ziff. 4). Unter diese Regelung fallen hauptsächlich Grundpfandrechte.

d)   Die Löschung von Registereintragungen

Das registerführende Unternehmen darf Eintragungen nicht eigenständig löschen. Hierzu bedarf es gem. § 22d Abs. 5 Satz 1 KWG stets der Zustimmung des Übertragungsberechtigten. Hingegen muss der Löschung fehlerhafter Eintragungen lediglich der Verwalter zustimmen (§ 22d Abs. 5 Satz 2 KWG). Die Begrifflichkeit „Löschung einer fehlerhaften Eintragung" ist jedoch unglücklich gewählt. In diesem Fall darf die fehlerhafte Eintragung nämlich nicht gänzlich gelöscht werden, sondern es ist lediglich eine Korrektur vorzunehmen.[264] Dabei sind gem. § 22d Abs. 5 Satz 3 KWG die Korrektur, ihr Zeitpunkt und die Zustimmung des Verwalters in das Refinanzierungsregister einzutragen.

e)   Die Beendigung und die Übertragung der Registerführung

Zunächst muss zwischen der freiwilligen (§ 22k Abs. 1 KWG) und der unfreiwilligen (§ 22k Abs. 2 KWG) Beendigung bzw. Übertragung der Registerführung unterschieden werden.

§ 22k Abs. 1 Satz 1 KWG regelt die freiwillige Beendigung der Registerführung. Hierzu müssen die Übertragungsberechtigten und deren Gläubiger einwilligen, da mit der Beendigung der Registerführung auch die Rechtswirkungen des § 22j KWG entfallen. Den Übertragungsberechtigten sowie deren Gläubigern würde deshalb möglicherweise Haftungsmasse entzogen, wenn sie kein Aussonderungsrecht gem. § 47 InsO mehr geltend machen können.

Daneben kann die Registerführung gem. § 22k Abs. 1 Satz 2 KWG freiwillig auf ein anderes, geeignetes Kreditinstitut übertragen werden. Diese Regelung betrifft vorwiegend den Fall, dass die Übertragungsberechtigten mit der Registerführung nicht zufrieden sind und diese daher von einem anderen Unternehmen durchgeführt werden soll. Die freiwillige Übertragung der Registerführung findet deshalb auch unter Aufsicht der BaFin statt. Sie entscheidet letztlich auch,

---

264 Gesetzesbegründung zu § 22d, S. 21. Das Gesetz selbst spricht in § 22d Abs. 5 Satz 3 etwas zusammenhangslos von einer „Korrektur". Dies ergibt erst dann einen Sinn, wenn man bei der „Löschung einer fehlerhaften Eintragung" lediglich eine Korrektur der Eintragung zulässt.

welches Unternehmen beauftragt wird, das Register zu führen. Denn sie entscheidet über dessen Eignung.[265]

Schließlich wird die Registerführung beendigt und übertragen, wenn das registerführende Unternehmen nach Einschätzung der BaFin zur Registerführung nicht geeignet ist. Dann wird die Registerführung unter Aufsicht der BaFin auf ein nach ihrer Ansicht geeignetes Unternehmen übertragen. Es handelt sich hierbei also um den Fall einer unfreiwilligen Beendigung der Registerführung. Jedoch müssen die Übertragungsberechtigten und deren Gläubiger nicht einwilligen. Da zum einen letztlich nur eine Übertragung der Registerführung erfolgt, bleiben auch die Rechtswirkungen des § 22j KWG weiterhin bestehen. Zum anderen ist diese Übertragung im Sinne der Übertragungsberechtigten und deren Gläubiger, da das registerführende Unternehmen im Falle der unfreiwilligen Beendigung der Registerführung nicht mehr in der Lage ist, diese durchzuführen. Die mangelnde Eignung kann sich aus tatsächlichen oder rechtlichen Gründen ergeben. Als Beispiel wird der Verlust der Eigenschaft als Kreditinstitut etwa durch Verlust der Bankerlaubnis genannt.[266] Die BaFin stützt sich bei ihrer Beurteilung nicht auf eigene Untersuchungen, da sie solche nach der Konzeption des Gesetzes nicht vornimmt. Vielmehr entscheidet sie auf Grundlage der Überwachungsberichte des Verwalters.[267]

IV. Das Aussonderungsrecht durch Eintragung im Refinanzierungsregister

Durch die Eintragung im Refinanzierungsregister entsteht für den Übertragungsberechtigten gem. § 22j Abs. 1 KWG ein Aussonderungsrecht nach § 47 InsO. Diese Regelung behandelt jedoch nicht die Frage, woraus das Aussonderungsrecht folgt. Es ist insbesondere zu untersuchen, ob § 22j KWG rechtsbegründende Funktion derart zukommt, dass hierdurch eine neue Art eines aussonderungsfähigen Rechts geschaffen wird oder ob es sich lediglich um eine gesetzliche Fiktion handelt.

1. Der Begriff des Aussonderungsrechts

Nach *Uhlenbruck* umfasst der Begriff der Aussonderung „die Realisierung eines zivilrechtlichen Anspruchs auf Herausgabe eines Gegenstandes, der dem Anspruchsberechtigten oder einem Dritten, nicht aber dem Schuldner oder Schuldnerunternehmen gehört."[268] Es geht bei dem Begriff der Aussonderung daher

---

265 Gesetzesbegründung zu § 22k, S. 24.
266 Gesetzesbegründung zu § 22k, S. 24.
267 Gesetzesbegründung zu § 22k, S. 24.
268 *Uhlenbruck* in Uhlenbruck, InsO, § 47 Rn. 2.

nicht um die Herausgabe des aussonderungsfähigen Gegenstandes. Vielmehr soll sie bloß die Voraussetzungen hierfür schaffen.

2. Das Wesen des Aussonderungsrechts

Das Aussonderungsrecht ist dadurch gekennzeichnet, dass es der Verteidigung eines massefremden Rechts gegen den Zugriff des Insolvenzverwalters dient.[269] Dabei besteht jedoch kein besonderer Aussonderungsanspruch, sondern es wird lediglich die Nichtzugehörigkeit des Gegenstandes zur Masse gegenüber dem Insolvenzverwalter geltend gemacht.[270] Es wird demnach eine Bereinigung der sog. „Ist-Masse" zur sog. „Soll-Masse" vollzogen und damit die tatsächliche zivilrechtliche Situation wiederhergestellt.[271] Insbesondere findet keine insolvenzmäßige Verwertung im Sinne des § 159 InsO statt.

3. Die Rechtsnatur des Aussonderungsrechts

Der Rechtsnatur nach handelt es sich bei dem Aussonderungsrecht gem. § 47 InsO nicht um einen eigenständigen Anspruch. Es dient vielmehr dazu, bestehende Ansprüche durchzusetzen. Durch das Aussonderungsrecht wird daher nur ein Recht an einer Sache geltend gemacht.[272] Ein solches Recht kann etwa – und dies ist der häufigste Fall – das Eigentum an dem auszusondernden Gegenstand sein. Insofern ist auch schon die Klage gegen den Insolvenzverwalter auf Feststellung des Eigentums eine Aussonderung, auch wenn der Aussonderungsberechtigte diese bereits in seinem Besitz hat.[273] Da es beim Aussonderungsrecht nicht um die bloße Entfernung des Gegenstandes aus dem Machtbereich des Schuldners geht, sind es daher keine Vindikationsansprüche, die mit dem Aussonderungsrecht geltend gemacht werden können.

4. Die Fiktion eines Aussonderungsrechts nach § 22 j KWG

Ein Aussonderungsrecht besteht grundsätzlich nur an Gegenständen, an denen der Aussonderungsberechtigte ein dingliches Recht bzw. ein persönliches Recht auf Herausgabe geltend machen kann.[274] Dies können unter anderem Eigentum und Besitz an beweglichen und unbeweglichen Sachen, Immaterialgüterrechte

---

269 *Ganter* in Münchener Kommentar, InsO, § 47 Rn. 5; *Schmidt* ZZP 1990, 38 ff.; *Uhlenbruck* in Uhlenbruck, InsO, § 47 Rn. 2.
270 *Ganter* in Münchener Kommentar, InsO, § 47 Rn. 5.
271 *Uhlenbruck* in Uhlenbruck, InsO, § 47 Rn. 2.
272 BT-Drucks. 12/2443 zu § 54 InsO; *Hahn*, Materialien, Band IV, KO, S. 157 ff.
273 *K. Schmidt* ZZP 1977, 38, 46 ff.; *Gottwald*, Insolvenzrechts-Handbuch, § 40 Rn. 1.
274 *Weis* in Hess/Weis/Wienberg, InsO, § 47 Rn. 5.

und Forderungen sein. Grundlage der Aussonderung ist dabei, dass der betreffende Gegenstand haftungsrechtlich nicht dem Vermögen des Schuldners zugeordnet wird.[275] Dies ist de lege lata bei Verschaffungsansprüchen (etwa der kaufvertragliche Übertragungsanspruch) nicht der Fall. Diese enthalten „begriffsnotwendig gerade nicht die Behauptung, der Gegenstand gehöre nicht zur Masse; sie sind vielmehr aus der Masse zu erfüllen."[276] Zu diesen Verschaffungsansprüchen gehören auch die Übertragungsansprüche der Zweckgesellschaft gegen das Refinanzierungsunternehmen im Rahmen einer ABS-Transaktion. Sie würden die Zweckgesellschaft in der Insolvenz des Refinanzierungsunternehmens daher grundsätzlich nicht zur Aussonderung berechtigen.

An diesem Punkt setzt § 22j Abs. 1 Satz 1 KWG an, indem er bestimmt, dass der Übertragungsberechtigte bei ordnungsgemäßer Eintragung im Refinanzierungsregister ein Aussonderungsrecht nach § 47 InsO geltend machen kann. Es stellt sich daher die Frage, ob durch eine Eintragung im Refinanzierungsregister ein aussonderungsfähiges Recht im obigen Sinne entsteht oder ob es sich bei § 22j Abs. 1 Satz 1 KWG lediglich um eine gesetzliche Fiktion handelt.
Der Wortlaut des § 22j Abs. 1 Satz 1 KWG gibt hierüber keinen Aufschluss. Es wird nur bestimmt, dass der eingetragene Gegenstand ausgesondert werden *kann*. Dies ist jedoch eine wertungsneutrale Formulierung. Ebenso zurückhaltend äußert sich der Gesetzgeber in seiner Gesetzesbegründung zu § 22j KWG. Darin stellt er lediglich fest, dass an den eingetragenen Gegenständen des Refinanzierungsunternehmens bzw. des Refinanzierungsmittlers ein Aussonderungsrecht geltend gemacht werden kann.

Ein starkes Indiz für das Vorliegen einer gesetzlichen Fiktion ist jedoch, dass zunächst keine Änderung an der sachenrechtlichen Zuordnung der ordnungsgemäß im Refinanzierungsregister eingetragenen Gegenstände stattfindet. Dies entspricht dem Willen des Gesetzgebers[277] und wird an mehreren Stellen im Gesetz deutlich. So bestimmt § 22j Abs. 1 Satz 3 KWG, dass „die Wirksamkeit einer Verfügung, die nach der Eintragung über den Gegenstand oder den an seine Stelle getretenen Gegenstand getroffen wird, hiervon unberührt bleibt". § 22j Abs. 2 Satz 1 KWG bestimmt, dass „die Eintragung in das Refinanzierungsregister Einwendungen und Einreden Dritter gegen die eingetragenen Forderungen und Rechte nicht einschränkt." Die sachenrechtliche Zuordnung soll sich auch in der Insolvenz des Refinanzierungsunternehmens nicht ändern. Dies entspricht wiederum dem Willen des Gesetzgebers[278] und wird durch § 22j Abs. 2 Satz 2

---

275 *Eickmann* in Heidelberger Kommentar, InsO, § 47 Rn. 3.
276 *Eickmann* in Heidelberger Kommentar, InsO, § 47 Rn. 3.
277 Gesetzesbegründung zu § 22j, S. 23.
278 Gesetzesbegründung zu § 22j, S. 23.

[Erhalt der Einwendungen und Einreden Dritter nach Aussonderung] und § 22n Abs. 2 Satz 1 und Abs. 3 Satz 1 KWG [Übergang der Verfügungsbefugnis auf den Sachwalter] deutlich. Charakteristisch für ein „echtes" Aussonderungsrecht ist nämlich gerade, dass der Schuldner nicht zu Verfügungen über den Gegenstand berechtigt ist und Dritte keine Einwendungen oder Einreden in Bezug auf den auszusondernden Gegenstand geltend machen können.

Darüber hinaus steht einem Gläubiger auch nicht von vornherein – quasi per se – ein Aussonderungsrecht zu, wie es § 22j Abs. 1 Satz 1 KWG bestimmt. Dieses ist vielmehr nur eine Folge des oben genannten dinglichen Rechts bzw. persönlichen Herausgabeanspruchs in Bezug auf den auszusondernden Gegenstand. Ein solches dingliches Recht steht dem Übertragungsberechtigten jedoch gerade nicht zu.

Einen weiteren Anhaltspunkt für die Annahme einer gesetzlichen Fiktion bietet § 22i Abs. 1 Satz 1 des Referentenentwurfs. Danach lag offensichtlich eine solche Fiktion vor, da § 22i Abs. 1 Satz 1 von „gelten" sprach und dies ebenfalls in der Entwurfsbegründung so dargestellt wurde.[279] Zwar bezog sich diese Fiktion auf eine Änderung der sachenrechtlichen Zuordnung, also einen Übergang des Vollrechts an dem eingetragenen Gegenstand und war an § 392 Abs. 2 HGB angelehnt.[280] Dass die Eintragung im letztlich verabschiedeten Gesetz keine so weitreichenden Folgen mehr hat, sondern nur noch zu einem Aussonderungsrecht nach § 47 InsO führt, spricht dennoch nicht gegen, sondern für das Vorliegen einer gesetzlichen Fiktion. Diese Einschränkung hängt vielmehr mit dem Sinn und Zweck des Refinanzierungsregisters zusammen. Es ist trotz seiner Offenheit gegenüber neuen Transaktionstechniken speziell vor dem Hintergrund von ABS-Transaktionen und Pfandbriefemissionen geschaffen worden.[281] Dabei sollte es insbesondere ein Aussonderungsrecht des Übertragungsberechtigten ermöglichen. Insofern wären die weitreichenden Rechtsfolgen einer Eintragung, so wie sie in § 22i des Referentenentwurfs vorgeschlagen wurden, weit über das eigentliche Ziel hinausgegangen. Der Übertragungsberechtigte hätte nicht nur ein Aussonderungsrecht gem. § 47 InsO geltend machen können, sondern wäre einem Vollrechtsinhaber gleichgestellt gewesen.

Unter Berücksichtigung all dieser Gesichtspunkte ist daher davon auszugehen, dass es sich bei den Rechtswirkungen des § 22j Abs. 1 Satz 1 KWG um eine gesetzliche Fiktion handelt. Die Begründung eines neuen Typus eines aussonderungsfähigen Rechts kommt dagegen nicht in Betracht. Es bleibt vielmehr dabei,

---

279 Entwurfsbegründung S. 50; in diesem Sinne auch *Fleckner* WM 2004, 2051, 2062.
280 *Fleckner* WM 2004, 2051, 2062.
281 Gesetzesbegründung allgemeiner Teil, S. 15 f.

dass grundsätzlich nur die oben genannten Rechte zur Aussonderung in der Insolvenz berechtigen.

5. Das Ersatzaussonderungsrecht nach § 22 j Abs. 1 S. 2 KWG

Daneben gewährt § 22j Abs. 1 Satz 2 KWG dem Übertragungsberechtigten ein Ersatzaussonderungsrecht, indem er bestimmt, dass das Gleiche (d. h. das Aussonderungsrecht gem. § 47 InsO nach Satz 1) für Gegenstände gilt, die an die Stelle der ordnungsgemäß im Refinanzierungsregister eingetragenen Gegenstände treten. Das Ersatzaussonderungsrecht soll Ausgleichsfunktion haben. Denn das Refinanzierungsunternehmen kann weiterhin wirksam über die in das Refinanzierungsregister eingetragenen Gegenstände, die es noch nicht wirksam an die Zweckgesellschaft übertragen hat, verfügen. Zudem können Dritte die Zwangsvollstreckung in solche Gegenstände betreiben.[282]

Erfasst werden hiervon sämtliche Gegenstände. Insbesondere die Gesetzesbegründung zu § 22j Abs. 1 Satz 2 KWG grenzt das Ersatzaussonderungsrecht in keiner Weise ein.[283] *Tollmann* spricht davon, dass von dem Ersatzaussonderungsrecht „insbesondere die Gegenleistung für eine vorgenommene Verfügung"[284] erfasst werden soll. Dies ist in der Regel Geld. Es fragt sich allerdings, in welcher Form dieses Geld beim Refinanzierungsunternehmen vorhanden sein muss, damit das Ersatzaussonderungsrecht gem. § 22j Abs. 1 Satz 2 KWG geltend gemacht werden kann.

Wäre das Ersatzaussonderungsrecht nach § 22j Abs. 1 Satz 2 KWG als ein solches nach § 48 InsO zu qualifizieren, könnte die Aussonderung des Geldes gem. § 48 Satz 2 InsO nur verlangt werden, soweit es noch in der Masse unterscheidbar vorhanden ist. Fraglich ist dabei, inwieweit Geld, das beispielsweise mit anderem Geld in eine Kasse gelegt und vermischt oder auf ein allgemeines Konto eingezahlt wurde, noch als unterscheidbar im Sinne des § 48 Satz 2 InsO anzusehen ist. Dies kann hier allerdings dahinstehen und muss nicht Gegenstand dieser Untersuchung sein, wenn es sich bei dem Ersatzaussonderungsrecht nach § 22j Abs. 1 Satz 2 KWG nicht um ein solches nach § 48 InsO handelt.

Zunächst spricht schon der Wortlaut des § 22j Abs. 1 Satz 2 KWG gegen die Annahme eines Ersatzaussonderungsrechts nach § 48 InsO. Der Gesetzestext erwähnt schlicht die Voraussetzungen für die Geltendmachung eines Aussonderungsrechts nach Satz 1. Er verwendet an keiner Stelle den Begriff des Ersatz-

---

282 *Tollmann* ZHR 169 (2005), 594, 616.
283 Gesetzesbegründung zu § 22j, S. 23.
284 *Tollmann* ZHR 169 (2005), 594, 616.

aussonderungsrechts. Ebenso verfährt der Gesetzgeber, indem er in seiner Gesetzesbegründung lediglich den Gesetzestext wiederholt und sich ansonsten jeglicher Begründung zu § 22j Abs. 1 Satz 2 KWG enthält.[285] Zudem wird sowohl im Gesetzestext als auch in der entsprechenden Gesetzesbegründung nicht explizit auf § 48 InsO Bezug genommen. Daher spricht auch die Gesetzessystematik gegen die Annahme eines Ersatzaussonderungsrechts nach § 48 InsO. Wird in § 22j Abs. 1 Satz 1 KWG noch ausdrücklich auf das Aussonderungsrecht nach § 47 InsO Bezug genommen, fehlt in Satz 2 ein unmittelbarer Verweis auf die InsO. Vielmehr wird mittelbar über Satz 1 auf § 47 InsO verwiesen, jedoch in keinem Fall auf § 48 InsO.

Insofern handelt es sich bei dem Aussonderungsrecht nach § 22j Abs. 1 Satz 2 KWG nur begrifflich um ein Ersatzaussonderungsrecht. Ihm liegt jedoch das Aussonderungsrecht gem. § 47 InsO aus Satz 1 zugrunde. Demnach ist die Frage der Aussonderung auf der Basis von § 47 InsO zu beantworten. Danach kann eine Geldsumme grundsätzlich nicht ausgesondert werden.[286] Es können allerdings der Anspruch auf Zahlung einer Geldsumme[287] sowie im Bestand des Refinanzierungsunternehmens konkret vorhandene Banknoten und Münzen ausgesondert werden, sofern diese sich individualisierbar und vom eigenen Geld des Refinanzierungsunternehmens abgesondert in dessen Besitz befinden[288]. Wird das dem Übertragungsberechtigten zustehende Geld mit dem eigenen des Refinanzierungsunternehmens – etwa durch Einlegen in eine Kasse – vermischt, so entsteht an dem Gesamtbestand Miteigentum gem. § 948 BGB. Dieses würde zur Aussonderung berechtigen.[289]

Das Verhalten des Refinanzierungsunternehmens hat sich bei der Veräußerung von im Refinanzierungsregister eingetragenen Gegenständen daher an diesen Vorgaben zu orientieren. Aus der treuhänderischen Verwaltung der im Refinanzierungsregister eingetragenen und noch nicht an die Zweckgesellschaft übertragenen Vermögensgegenstände ergibt sich somit die Pflicht des Refinanzierungsunternehmens, dafür Sorge zu tragen, dass es dem Übertragungsberechtigten möglich bleibt, auch einen Geldbetrag, der an die Stelle der ursprünglich eingetragenen Gegenstände getreten ist, auszusondern. Es bietet sich daher an, solche Beträge entweder gesondert zu lagern oder auf ein zugunsten des Übertragungsberechtigten eingerichtetes Treuhandkonto zu überweisen.

---

285 Gesetzesbegründung zu § 22j, S. 23.
286 BGHZ 58, 257, 258.
287 BGH ZIP 1989, 118, 119.
288 *Häde* KTS 1991, 365, 370; *Hess,* InsO, § 47 Rn. 18.
289 BGH KTS 1958, 142, 143.

Die Regelung zum Ersatzaussonderungsrecht in § 22j Abs. 1 Satz 2 KWG trifft ebenfalls keine Aussage über den Umfang der Aussonderungsberechtigung. Diesbezüglich kann jedoch auf das Ersatzaussonderungsrecht nach § 48 InsO verwiesen werden, denn die dortige h. M. wird aus allgemeinen Erwägungen abgeleitet. Danach kann die Gegenleistung in vollem Umfang ausgesondert werden.[290] Und zwar unabhängig davon, ob die Gegenleistung mehr oder weniger wert ist als der veräußerte Gegenstand oder ob der beiderseitige Wert in einem angemessenen Verhältnis steht.[291] Dies folgt daraus, dass das Ersatzaussonderungsrecht nicht für einen Wertausgleich sorgen, sondern den Eigentumsschutz vervollständigen soll. Dies könne nur erreicht werden, wenn der Insolvenzmasse nicht einmal der Teil des Erlöses verbleibt, der den Wert des veräußerten Gegenstandes übersteigt.[292] Denn „mit fremder Leute Gut sollen – ohne deren Einverständnis – eben keine Geschäfte gemacht werden dürfen."[293]

V. Eintragungsfähige Forderungen

Nach § 22a Abs. 1 KWG können Forderungen, auf deren Übertragung eine Zweckgesellschaft, ein Refinanzierungsmittler oder eine Pfandbriefbank einen Anspruch hat, in das Refinanzierungsregister eingetragen werden. Aufgrund der sehr allgemein gehaltenen Formulierung – das Gesetz spricht lediglich von Forderungen – stellt sich die Frage, ob alle Arten von Forderungen registrierfähig sind oder ob die Registrierfähigkeit auf eine bestimmte Art von Forderungen beschränkt ist.

1. Eigentum des Refinanzierungsunternehmens

Zunächst setzt § 22a Abs. 1 KWG voraus, dass das Refinanzierungsunternehmen Inhaberin der eingetragenen Forderungen ist. Dies ergibt sich unmittelbar aus dem Gesetzestext in § 22a Abs. 1 KWG. Dieser bestimmt, dass es sich um Forderungen „des" Refinanzierungsunternehmens handeln muss. Zwar könnte man annehmen, dass es sich bei einer Forderung „des" Refinanzierungsunternehmens beispielsweise auch um eine solche handeln könnte, an der das Refinanzierungsunternehmen nur ein Nutzungsrecht hat. Diesem würde die Forderung deshalb zwar nicht formal, aber wirtschaftlich zugeordnet sein. Allerdings sind laut der amtlichen Begründung „nur" solche Forderungen gemeint, die im Eigentum des Refinanzierungsunternehmens stehen.[294] Dabei ist davon auszu-

290 OLG Düsseldorf ZIP 2003, 1306, 1308.
291 *Ganter* in Münchener Kommentar, InsO, § 48 Rn. 67.
292 RGZ 115, 262, 265.
293 *Ganter* in Münchener Kommentar, InsO, § 48 Rn. 67.
294 Gesetzesbegründung zu § 22a, S. 18.

gehen, dass der Gesetzgeber ausschließlich das formale Eigentum vor Augen hatte. Dieses muss im Zeitpunkt der Eintragung oder später, zumindest jedoch – bei künftigen Übertragungsansprüchen – im Zeitpunkt der Insolvenz des Refinanzierungsunternehmens bestanden haben.

Eine Ausnahme hiervon bilden bereits abgetretene Forderungen. Diese sollen entgegen dem Wortlaut, der auf einen bestehenden Übertragungsanspruch abstellt, ebenfalls eintragungsfähig sein, obwohl das Eigentum des Refinanzierungsunternehmens an diesen Forderungen nicht mehr besteht.[295] Daraus folgt, dass die Eintragungsfähigkeit unabhängig vom Zeitpunkt besteht, zu dem die einzutragenden Vermögensgegenstände an die Zweckgesellschaft übertragen werden. Auch eintragungsfähige Gegenstände aus Alttransaktionen können daher noch nachträglich in das Refinanzierungsregister eingetragen und somit eine insolvenzfeste Rechtsposition nach § 22j Abs. 1 KWG erlangt werden.[296]

Laut der amtlichen Begründung kann entsprechend den allgemeinen Regeln (§ 883 Abs. 1 Satz 2 BGB) auch ein künftiger oder bedingter Übertragungsanspruch eingetragen werden. Hierbei muss es sich jedoch um einen redaktionellen Fehler handeln, der von der Literatur (zum Teil) unkommentiert übernommen wurde.[297] Lediglich einige Autoren sprechen davon, dass „auch eine künftige oder bedingte Forderung oder Sicherheit eingetragen werden"[298] bzw., dass „dies [die Eintragung von Forderungen bzw. Grundpfandrechten] auch für künftige und bedingte Ansprüche gilt"[299]. Sie gehen dabei allerdings nicht näher auf den Wortlaut der amtlichen Begründung ein. Gem. § 22a Abs. 1 Satz 1 in Verbindung mit § 22d Abs. 2 Satz 1 KWG sind (neben anderen Angaben) nur die Gegenstände einzutragen, auf die der Übertragungsberechtigte einen Übertragungsanspruch hat. Es ist aber gerade nicht der Übertragungsanspruch selbst Gegenstand der Eintragung. Zwar kann dieser auch in das Refinanzierungsregister eingetragen werden, da dieses nicht nur auf die nach § 22d Abs. 2 Satz 1 KWG obligatorischen Angaben beschränkt ist. Die primär zu übertragenden Gegenstände müssen gem. § 22d Abs. 2 KWG jedoch selbst eingetragen werden. Die amtliche Begründung hätte daher beispielsweise folgendermaßen lauten müssen: „Entsprechend allgemeinen Regeln (§ 883 Abs. 1 Satz 2 BGB) können auch solche Forderungen bzw. Forderungen sichernden Grundpfandrechte ... eingetragen werden, für die ein künftiger oder bedingter Übertragungsanspruch besteht." Dies stände auch im Einklang mit der Regelung des § 22d Abs. 2 Satz

---

295 Gesetzesbegründung zu § 22a, S. 18:
296 *Kokemoor/Küntzer* BB 2006, 1869, 1871.
297 *Schmalenbach/Sester* WM 2005, 2025, 2028.
298 *Kokemoor/Küntzer* BB 2006, 1869, 1871; *Tollmann* WM 2005, 2017, 2022 Fn. 69.
299 *Pannen/Wolff* ZIP 2006, 52, 56.

2 KWG. Danach reicht es für eine ordnungsgemäße Eintragung aus, wenn der Gegenstand der Refinanzierung eindeutig bestimmbar ist.[300]

2. Abtretbarkeit der Forderung

Darüber hinaus muss es sich bei der eingetragenen um eine abtretbare Forderung handeln. Dies bedeutet insbesondere, dass für die betroffene Forderung kein Abtretungsverbot vereinbart worden sein darf. Allerdings reicht nicht jedes Abtretungsverbot aus, um die Eintragungsfähigkeit der Forderung auszuschließen. Gem. § 22d Abs. 4 KWG sollen Forderungen auch dann eintragbar und nach der Eintragung an den Übertragungsberechtigten veräußerbar sein, wenn die Abtretung durch mündliche oder konkludente Vereinbarung mit dem Schuldner ausgeschlossen ist. Der Eintragungsfähigkeit kann daher nur ein schriftliches Abtretungsverbot sowie ein gesetzliches Verfügungsverbot (§ 22d Abs. 4 Satz 2 HS 2 KWG) entgegenstehen. Hiermit zielt die Regelung auf die Diskussion um das Bankgeheimnis ab. Das OLG Frankfurt hatte die Auffassung vertreten, aus dem Bankgeheimnis lasse sich ein konkludentes Abtretungsverbot herleiten.[301] Banken hätten sich danach nur noch in den Fällen durch einen Forderungsverkauf refinanzieren können, in denen sie sich die Abtretung der Forderung ausdrücklich vorbehalten haben. Eine solche Vereinbarung wurde jedoch nur äußerst selten getroffen. Die Ansicht des OLG Frankfurt wurde in der Literatur[302] stark kritisiert und von anderen Gerichten[303] nicht übernommen. Durch die nun erfolgte Kodifizierung ist die Entscheidung des OLG Frankfurt nun zumindest im Regelungsbereich des Refinanzierungsregisters nicht mehr relevant.

Fallen die einzutragenden Forderungen in den Regelungsbereich des § 354a HGB, steht der Eintragungsfähigkeit dieser Forderungen nicht einmal ein schriftliches Abtretungsverbot entgegen. § 22d Abs. 4 Satz 2 HS 1 KWG bestimmt, dass § 354a HGB unberührt bleiben soll. Dies soll bei der Verbriefung von Handelsforderungen erhebliche Erleichterungen mit sich bringen. Gerade im Bereich des Handelsverkehrs ist aufgrund sich widersprechender AGBs die „Rechtslage hinsichtlich der Gültigkeit von Abtretungsverboten in der Praxis oft nur schwer aufklärbar."[304]

---

300 Gesetzesbegründung zu § 22d, S. 20.
301 OLG Frankfurt a. M. WM 2004, 1386 ff.
302 *Bruchner* BKR 2004, 394 ff.; *Böhm* BB 2004, 1641 ff.; *Bütter/Tonner* ZBB 2005, 165 ff.
303 LG Koblenz WM 2005, 30 ff.; OLG Celle WM 2004, 1384 ff.
304 *Schmalenbach/Sester* WM 2005, 2025, 2028.

3. Keine Notwendigkeit der (grundpfandrechtlichen) Sicherung

Nach § 22a Abs. 1 Satz 1 KWG sind sowohl Forderungen als auch Grundpfandrechte, die der Sicherung von Forderungen dienen, in das Refinanzierungsregister eintragbar. Eine ähnliche Unterscheidung findet sich auch in § 22d Abs. 1 Satz 1 Ziff. 1 KWG. Hier ist allerdings allgemein von Sicherheiten die Rede und das Gesetz bezieht sich nicht explizit auf Grundpfandrechte. Aus dieser Differenzierung kann gefolgert werden, dass auch ungesicherte Forderungen in das Refinanzierungsregister eingetragen werden können.[305] Andernfalls hätte das Gesetz in § 22a Abs. 1 Satz 1 KWG statt „oder eines Grundpfandrechts" „und des diese sichernden Grundpfandrechts" bzw. in § 22d Abs. 2 Satz 1 Ziff. 1 KWG statt „oder die Sicherheiten" „und die für diese bestellten Sicherheiten" lauten müssen. Dann wäre deutlich geworden, dass nur solche Forderungen eintragungsfähig sind, die (grundpfandrechtlich) gesichert sind. Es bedarf daher nicht zwingend einer grundpfandrechtlichen Sicherung bzw. eines in § 22a Abs. 1 Satz 1 HS 2 KWG aufgezählten Sicherungsrechts.

4. Geldforderungen

Zu den eintragungsfähigen Forderungen gem. § 22a Abs. 1 Satz 1 KWG zählen jedenfalls Geldforderungen. Dies ergibt sich noch nicht zwingend aus dem Wortlaut der Vorschrift, da dort allgemein von Forderungen die Rede ist. Eine solch offene Formulierung spricht zwar dafür, dass auch Geldforderungen erfasst sind. Zwingend ist dies jedoch nicht.

Historische und teleologische Gesichtspunkte weisen allerdings eindeutig darauf hin, dass Geldforderungen in das Refinanzierungsregister eingetragen werden können. Dies ergibt sich schon aus dem Regelungsziel der §§ 22a ff. KWG. Die §§ 22a ff. KWG sollen es Unternehmen erleichtern, sich zu refnanzieren. Dabei soll insbesondere die Refinanzierung mittels ABS ermöglicht werden.[306] Bei der Darstellung dieser Art der Refinanzierung in der Gesetzesbegründung geht der Gesetzgeber selbst von „Forderungen mit einem regelmäßigen Zahlungsfluss"[307], also von Geldforderungen aus. Die Regelungen sollen günstige Rahmenbedingungen für die Refinanzierung der Kreditinstitute schaffen, um die Kreditversorgung zu sichern.[308] Der Gesetzgeber hat also selbst gesehen, dass die sich mittels ABS refinanzierenden Unternehmen in einer Vielzahl Kreditinstitute sein werden. Diese haben regelmäßig überwiegend Geldforderungen in

---

305 *Schmalenbach/Sester* WM 2005, 2025, 2027; *Kokemoor/Küntzer* BB 2006, 1869, 1871.
306 Gesetzesbegründung zu § 1 Abs. 24-26, S. 16.
307 Gesetzesbegründung zu § 1 Abs. 24-26, S. 16.
308 Gesetzbegründung allgemeiner Teil, S. 15.

ihrer Bilanz. Nachdem im Januar 2007 zusätzlich die neuen Vorschriften zur Eigenkapitalunterlegung gemäß den Baseler ABS-Arbeitspapieren[309] in Kraft getreten sind, werden die Kreditinstitute bestrebt sein, vermehrt ABS-Transaktionen – auch unter Verwendung von Refinanzierungsregistern – durchzuführen. Dadurch müssen sie in ihrer Bilanz ein geringeres Eigenkapital ausweisen. Die Durchführung von ABS-Transaktionen würde ihnen in der Folge auch neuen Spielraum zur Vergabe von Krediten eröffnen. Würden Geldforderungen als nicht eintragungsfähig angesehen werden, bestünde für den überwiegenden Teil der Kreditinstitute daher eine nur äußerst begrenzte Möglichkeit, sich mittels des Refinanzierungsregisters zu refinanzieren. Das Ziel, die Kreditversorgung zu sichern, würde in diesem Fall wenig gefördert.

Ferner spricht für eine solche Auslegung der Umstand, dass nicht nur Forderungen allein, sondern auch die diese sichernden Grundpfandrechte in das Refinanzierungsregister eingetragen werden können. Grundpfandrechtlich gesicherte Forderungen sind allerdings ausschließlich Geldforderungen wie beispielsweise Darlehensforderungen.[310] Indem der Gesetzgeber die Möglichkeit eröffnet, grundpfandrechtlich gesicherte Forderungen einzutragen, macht er also implizit deutlich, dass Geldforderungen in das Refinanzierungsregister eingetragen werden können.

5. Andere Forderungsarten

Zweifelhaft ist, ob lediglich Geldforderungen registrierfähig sind oder ob Forderungen im Allgemeinen in das Refinanzierungsregister eingetragen werden können. Dies sind solche, die nicht auf eine Geldleistung, sondern beispielsweise auf die Übertragung eines sonstigen Vermögensgegenstands gerichtet sind.

a) Meinungsstand in der Literatur

Schmalenbach/Sester gehen davon aus, dass Forderungen im Allgemeinen registrierfähig sind. Sie verweisen dabei insbesondere auf die ratio legis der §§ 22a ff. KWG, wonach ABS-Transaktionen erleichtert werden sollen. Eine Beschränkung der Registrierfähigkeit auf Geldforderungen würde diesem Ziel entgegenstehen. Sie stützen sich zudem darauf, dass aus systematischer Sicht die beiden Varianten des § 22a Abs. 1 KWG (Eintragung von grundpfandrechtlich gesicherten Forderungen einerseits sowie Eintragung nicht grundpfandrechtlich gesicherter Forderungen andererseits) zwar für eine Beschränkung auf Geldfor-

---

309 Die Baseler ABS-Arbeitspapiere werden auch als Basel II bezeichnet; siehe hierzu 1. Teil A II.

310 *Mugdan*, Materialien, Band III, S. 855.

derungen sprechen könnten, denn nur solche Forderungen könnten durch Grund-pfandrechte gesichert werden (vgl. §§ 1113, 1191 BGB)[311]. Der systematische Zusammenhang zwischen den beiden Varianten ließe „eine einheitliche Interpre-tation des Forderungsbegriffs als nicht fern liegend erscheinen."[312] Es sei jedoch eine Auslegung möglich, wonach „sich die beiden Alternativen auch zwanglos als eine schlichte Aufzählung von einander unabhängiger Fälle verstehen" lie-ßen.[313] Darüber hinaus lasse sich weder dem Wortlaut des Gesetzes eine Ein-schränkung auf eine bestimmte Art von Forderungen entnehmen noch folge dies aus der Gesetzesbegründung.[314]

Tollmann hingegen scheint die Ansicht zu vertreten, dass lediglich Geldforde-rungen und nicht Forderungen im Allgemeinen eintragungsfähig sind. Er formu-liert dies zwar nicht explizit. Vielmehr möchte er die in das Refinanzierungsre-gister eintragungsfähigen Vermögensgegenstände auf zwei Arten begrenzen: "erstens Forderungen und zweitens folgende abschließend aufgezählte Sicher-heiten: Grundpfandrechte sowie Registerpfandrechte an Luftfahrzeugen und Schiffshypotheken."[315] Insoweit nimmt er demnach noch keine Einschränkung auf eine bestimmte Forderungsart vor. Jedoch sollen die §§ 22a ff. KWG davon ausgehen, dass aus den an die Zweckgesellschaft verkauften Forderungen ein Zahlungsstrom generiert wird, den diese zur Zinszahlung an die Investoren ver-wenden kann.[316] Ein solcher Zahlungsstrom kann jedoch nur aus Geldforderun-gen generiert werden, so dass anscheinend nur Geldforderungen eintragungsfä-hig sein sollen.

b)   Stellungnahme

Wie *Schmalenbach/Sester* richtigerweise feststellen, lässt sich weder dem Ge-setzeswortlaut noch der Gesetzesbegründung eine Beschränkung auf eine be-stimmte Forderungsart entnehmen. So spricht das Gesetz in den §§ 22a Abs. 1, 22d Abs. 2 KWG ganz allgemein von Forderungen. Diese allgemeine Formulie-rung findet sich ebenso in der Gesetzesbegründung zu den genannten Normen wieder. Es wird somit nicht zwischen verschiedenen Forderungsarten differen-ziert, deren Registrierfähigkeit aber auch nicht beschränkt.[317]

311 *Mugdan*, Materialien, Band III, S. 855.
312 *Schmalenbach/Sester* WM 2005, 2025, 2027.
313 *Schmalenbach/Sester* WM 2005, 2025, 2027.
314 *Schmalenbach/Sester* WM 2005, 2025, 2027.
315 *Tollmann* WM 2005, 2017, 2022.
316 *Tollmann* WM 2005, 2017, 2023 Fn. 74.
317 Gesetzesbegründung zu § 22a, S. 18, und § 22d, S. 19.

Eine teleologische Auslegung der §§ 22a-o KWG spricht für die Eintragungsfähigkeit sämtlicher Arten von Forderungen. Die teleologische Auslegung orientiert sich dabei an der ratio legis, die sich folgendermaßen darstellt: Das Anliegen des Gesetzgebers bei der Schaffung der Regelungen zum Refinanzierungsregister war es, „die Refinanzierungsmöglichkeiten via ABS (in Gestalt eines True-Sale) und Pfandbriefemissionen"[318] zu optimieren und dem Standard an den internationalen Kapitalmärkten anzupassen.[319] Es sollten die letzten insolvenzrechtlichen und bankaufsichtsrechtlichen Hindernisse beseitigt werden, um „die im Vergleich geringe Zahl echter ABS-Transaktionen in Deutschland zu erhöhen."[320] Dies sollte sich vor allem positiv auf die Kreditversorgung der Wirtschaft und die Refinanzierung der Kreditinstitute auswirken.[321] Trotz dieser Bezugnahme auf ABS wollte der Gesetzgeber die Regelungen der §§ 22a-o KWG keineswegs lediglich auf diese Art der Refinanzierungstransaktionen beschränken. Vielmehr macht er deutlich, dass die gesetzliche Regelung gegenüber „neueren Geschäftstypen", also neueren Refinanzierungstechniken, offen sein soll.[322] Damit trägt der Gesetzgeber dem Umstand Rechnung, dass sich die Kapitalmarktbedingungen ständig ändern und die Refinanzierungstechniken stets weiterentwickeln oder sogar gänzlich neue Refinanzierungsarten geschaffen werden.

Vor dem Hintergrund dieser ratio legis wäre es widersprüchlich, die Eintragungsfähigkeit von Forderungen auf Geldforderungen zu beschränken. Wenn einerseits die Offenheit der §§ 22a ff. KWG gegenüber neueren Refinanzierungstechniken vom Gesetzgeber propagiert wird und die Refinanzierungstechniken dem Standard an den internationalen Kapitalmärkten angepasst werden sollen, kann man andererseits die Registrierfähigkeit von Forderungen nicht auf Geldforderungen beschränken. So hätte man den Status quo kodifiziert, der wegen der Schnelllebigkeit der Kapitalmärkte jedoch innerhalb kürzester Zeit nicht mehr aktuell wäre.

Auch in systematischer Hinsicht spricht nichts gegen die Annahme, dass Forderungen im Allgemeinen eintragungsfähig sind. Entgegen der Ansicht von *Schmalenbach/Sester*[323] liegt den beiden Varianten des § 22a Abs. 1 KWG (Eintragung von grundpfandrechtlich gesicherten Forderungen einerseits sowie Ein-

---

318 *Schmalenbach/Sester* WM 2005, 2025, 2026.
319 Gesetzesbegründung zu Ziff. 2b, S. 16.
320 Gesetzesbegründung allgemeiner Teil, S. 16.
321 Gesetzesbegründung allgemeiner Teil, S. 15.
322 Gesetzesbegründung zu Ziff. 2b, S. 16; so auch schon die Begründung des Referentenentwurfs zu Art. 8, S. 40.
323 *Schmalenbach/Sester* WM 2005, 2025, 2027.

tragung nicht grundpfandrechtlich gesicherter Forderungen andererseits) ein einheitlicher Forderungsbegriff zugrunde. Es bedarf zur Begründung daher nicht der Annahme, dass es sich um eine „schlichte Aufzählung von einander unabhängiger Fälle"[324] handelt. Denn es ist für den Fall der Eintragung einer grundpfandrechtlich gesicherten Forderung nicht schädlich oder systemwidrig davon auszugehen, dass es sich bei Forderungen im Sinne des § 22a Abs. 1 KWG um Forderungen im Allgemeinen handelt. Eine Begrenzung des Forderungsbegriffs auf Geldforderungen durch § 22a Abs. 1 KWG muss daher nicht stattfinden. Eine solche Begrenzung findet vielmehr auf einer anderen Ebene statt, nämlich – quasi inzident – durch die grundpfandrechtliche Sicherung (vgl. §§ 1113, 1191 BGB)[325], also unabhängig von § 22a Abs. 1 KWG. So können grundsätzlich zwar Forderungen im Allgemeinen in das Refinanzierungsregister eingetragen werden. Sofern diese grundpfandrechtlich gesichert sind, ist eine Eintragung de lege lata jedoch nur bei Geldforderungen möglich.

Eine historische Auslegung kommt ebenfalls zu dem Ergebnis, dass Forderungen im Allgemeinen eintragungsfähig sind. So sah der Referentenentwurf noch vor, dass sowohl ein Refinanzierungsregister als auch ein Grundpfandrechtsregister geschaffen werden soll. § 22a RefEntw bestimmte für das Refinanzierungsregister, dass Gegenstände des Refinanzierungsunternehmens, auf deren Übertragung eine Zweckgesellschaft oder ein Refinanzierungsmittler einen Anspruch hat, in ein vom Refinanzierungsunternehmen geführtes Refinanzierungsregister eingetragen werden können.[326] Der Begriff des Gegenstandes sollte dabei im weitesten Sinne zu verstehen sein und alles umfassen, worüber durch Rechtsgeschäft verfügt werden kann.[327] Die Eintragungsfähigkeit von Forderungen beschränkte sich für das Refinanzierungsregister daher nicht auf Geldforderungen. In das Grundpfandrechtsregister sollten gem. § 22o Abs. 1 RefEntw hingegen lediglich grundpfandrechtlich gesicherte Forderungen eines Kreditinstituts, auf deren Übertragung ein anderes Unternehmen einen Anspruch hat, zusammen mit den Grundpfandrechten eingetragen werden können.[328] Da in das Grundpfandrechtsregister somit ausschließlich grundpfandrechtlich gesicherte Forderungen eingetragen werden konnten, war der Kreis der eintragungsfähigen Forderungen beim Grundpfandrechtsregister auf Geldforderungen beschränkt. Denn nur solche Forderungen können grundpfandrechtlich besichert werden.[329] Im letztlich verabschiedeten Gesetz finden sich nur noch Regelungen zum Refi-

---

324 *Schmalenbach/Sester* WM 2005, 2025, 2027.
325 *Mugdan*, Materialien, Band III, S. 855.
326 Referentenentwurf vom September 2004, S. 14.
327 Begründung des Referentenentwurfs vom September 2004, S. 43.
328 Referentenentwurf vom September 2004, S. 20.
329 *Mugdan*, Materialien, Band III, S. 855.

nanzierungsregister. Von der Schaffung eines Grundpfandrechtsregisters hat der Gesetzgeber gänzlich abgesehen. Dieses wurde jedoch in das Refinanzierungsregister integriert.[330] Bei einem Vergleich der §§ 22a Abs. 1, 22o Abs. 1 RefEntw mit § 22a Abs. 1 KWG fällt aber auf, dass für das Refinanzierungsregister nicht der weite Begriff des „Gegenstands" aus § 22a Abs. 1 RefEntw gewählt wurde. Vielmehr spricht § 22a Abs. 1 KWG von „einer Forderung des Refinanzierungsunternehmens oder eines Grundpfandrechts des Refinanzierungsunternehmens". Es wurde allerdings auch nicht die enge Formulierung aus § 22o Abs. 1 RefEntw übernommen, sondern diese in zweifacher Hinsicht erweitert. So sind gem. § 22a Abs. 1 KWG „Forderungen" und nicht lediglich „grundpfandrechtlich gesicherte Forderungen" (vgl. § 22o Abs. 1 RefEntw) eintragungsfähig. Zudem muss es sich bloß um Forderungen des Refinanzierungsunternehmens handeln (vgl. § 22a Abs. 1 KWG) und nicht um solche eines Kreditinstituts (vgl. § 22o Abs. 1 RefEntw). Das Absehen von einer Beschränkung auf grundpfandrechtlich gesicherte Forderungen eines Kreditinstituts lässt sich daher als ein Absehen von einer Beschränkung der eintragungsfähigen Forderungen auf Geldforderungen interpretieren.

6. Bereits abgetretene Forderungen

Auch bereits abgetretene Forderungen können in das Refinanzierungsregister eingetragen werden. Die Formulierung des Gesetzes, wonach auf einen bestehenden Übertragungsanspruch abgestellt wird, steht dem nicht entgegen.[331]

7. Ausländische Forderungen

Die Eintragungsfähigkeit ist nicht auf deutschem Recht unterliegende Forderungen begrenzt. Aus der historischen Auslegung folgt, dass nach dem ausdrücklichen Willen des Gesetzgebers ebenso ausländische Forderungen in das Refinanzierungsregister eingetragen werden können.[332] Dies gilt ohne Einschränkungen wie etwa der Bedingung der Vergleichbarkeit der ausländischen Forderung mit inländischen Forderungen.[333]

---

330 *Tollmann* WM 2005, 2017 Fn. 14 a. E.
331 Gesetzesbegründung zu § 22a, S. 18; *Pannen/Wolff* ZIP 2006, 52, 56; *Kokemoor/Küntzer* BB 2006, 1869, 1871.
332 Gesetzesbegründung zu § 22a, S. 18; *Tollmann* ZHR 169 (2005), 594, 606.
333 So auch *Tollmann* ZHR 169 (2005); 594, 606 Fn. 51, der darauf abstellt, dass auch in der Gesetzesbegründung keine Einschränkungen vorgenommen werden.

VI. Eintragungsfähige Sicherungsrechte

Neben Forderungen können auch Sicherungsrechte, die der Sicherung von Forderungen dienen und auf deren Übertragung die Zweckgesellschaft einen Anspruch hat, in das Refinanzierungsregister eingetragen werden. Ob dies nur die im Gesetz genannten oder noch weitere Sicherungsrechte betrifft, soll im Folgenden geklärt werden.

1. Grund- und Registerpfandrechte an Luftfahrzeugen und Schiffen

Nach § 22a Abs. 1 Satz 1 KWG kann ein Grundpfandrecht des Refinanzierungsunternehmens, das der Sicherung von Forderungen dient, in das Refinanzierungsregister eingetragen werden. Die nicht akzessorische Grundschuld ist daher nur dann eintragungsfähig, wenn es sich um eine Sicherungsgrundschuld handelt oder sie der Sicherung einer Forderung dient.[334] Dies soll entsprechend für Luftfahrzeug- und Schiffshypotheken gelten (§ 22a Abs. 1 Satz 1 HS 2 KWG). Die historische Auslegung ergibt, dass die Möglichkeit der Eintragung dieser Sicherungsrechte der Anlass war, das Refinanzierungsregister einzuführen.[335] Zwar hat der Gesetzgeber schon im Referentenentwurf[336] und später in der Gesetzbegründung[337] stets nur allgemein auf ABS-Transaktionen Bezug genommen. Hiervon sind daher auch Transaktionen umfasst, die ohne die Veräußerung von Grundpfandrechten oder grundpfandrechtlich gesicherten Forderungen durchgeführt werden. Bei solchen Transaktionen bedarf es grundsätzlich jedoch nicht der Eintragung der veräußerten Forderungen in das Refinanzierungsregister mit der Folge eines Aussonderungsrechts in der Insolvenz des Refinanzierungsunternehmens (vgl. § 22j Abs. 1 KWG). Sie können ohne weiteres vollwirksam übertragen werden, so dass ein Aussonderungsrecht bereits kraft Eigentums besteht. Der eigentliche Beweggrund für die Einführung des Refinanzierungsregisters waren daher MBS-Transaktionen, also solche, bei denen grundpfandrechtlich gesicherte Forderungen verbrieft werden. Diese Art von Transaktionen war bisher in Deutschland zumindest nicht als True-Sale,[338] sondern nur als synthetische Transaktion möglich. Der entstehende Kosten-, Verwaltungs-, und Zeitaufwand hätte die Rentabilität der Transaktion gefährdet.[339] Das Refinanzierungsregister kommt daher vor allem den Kreditinstituten und

---

334 *Kokemoor/Küntzer* BB 2006, 1869, 1871.
335 *Schmalenbach/Sester* WM 2005, 2025, 2028.
336 Begründung des Referentenentwurfs vom September 2004, S. 40 ff.
337 Gesetzesbegründung allgemeiner Teil, S. 15 ff.
338 Als Ausnahme siehe die Transaktion «HAUS 2000-1» der Deutschen Bank, Offering Circular, S. 42 f.
339 Siehe oben 1. Teil A VI.

Pfandbriefbanken zugute. Diese weisen große Bestände grundpfandrechtlich gesicherter Darlehensforderungen auf. Ihnen ist die Verbriefung in Form eines True-Sales hierdurch ermöglicht worden.[340]

2. Andere Sicherungsrechte

Zweifelhaft ist, ob neben den in § 22a Abs. 1 KWG ausdrücklich genannten Sicherungsrechten noch weitere Sicherungsrechte in das Refinanzierungsregister eingetragen werden können. In Betracht kommen hierbei die Bürgschaft, das selbständige Garantieversprechen, die Sicherungszession sowie die Sicherungsübereignung.

a) Bürgschaft

Unproblematisch in Bezug auf die Bürgschaft ist der Fall, bei dem die refinanzierte Forderung wirksam an die Zweckgesellschaft abgetreten und erst nachträglich registriert wird. Die Bürgschaft ist dabei schon im Zuge der Abtretung als akzessorische Sicherheit automatisch auf die Zweckgesellschaft übergegangen. In der Insolvenz des Refinanzierungsunternehmens bedarf es daher keiner Aussonderung mehr. Das Gleiche gilt, wenn eine Forderung zunächst im Refinanzierungsregister eingetragen und erst danach auf Verlangen des Übertragungsberechtigten durch den Insolvenzverwalter oder den Sachwalter – sofern das Refinanzierungsunternehmen ein Refinanzierungsregister für sich selbst führt – abgetreten wird (vgl. § 22n KWG). Das Gesetz sieht daher die isolierte Eintragung einer Bürgschaftsforderung nicht vor.[341] Einer solchen bedarf es auch nicht, da den übrigen Gläubigern des Refinanzierungsunternehmens mangels Inhaberschaft der Forderung per se der Zugriff auf die Bürgschaft verwehrt ist.

b) Selbständiges Garantieversprechen

Nicht eindeutig ist die Rechtslage hingegen, wenn eine refinanzierte Forderung durch ein selbständiges Garantieversprechen eines Dritten gesichert ist. Dies resultiert aus der Doppelnatur des selbständigen Garantieversprechens: Zum einen ist es eine rechtlich selbständige Forderung aus dem Garantievertrag, zum anderen stellt es eine Sicherheit für die refinanzierte Forderung dar.

---

340 Der Gesetzgeber nimmt auf S. 15 f. der Gesetzesbegründung allgemeiner Teil ausdrücklich Bezug auf die allgemeine Kreditversorgung, die nur durch eine hinreichende Refinanzierung der Kreditinstitute erreicht werden könne.
341 *Schmalenbach/Sester* WM 2005, 2025, 2028.

Schmalenbach/Sester gehen trotz der Doppelnatur von der Registrierbarkeit des selbständigen Garantieversprechens aus. Dies folge schon aus der rechtlichen Selbständigkeit der Garantieforderung.[342] Das Gleiche gelte für den Fall, dass das selbständige Garantieversprechen im Regelungsbereich der §§ 22a ff. KWG nicht (nur) als Forderung, sondern (auch) als Sicherheit anzusehen sei. § 22a Abs. 1 KWG enthalte hinsichtlich der eintragungsfähigen Sicherungsrechte keinen Numerus clausus in Bezug auf Grundpfandrechte, Registerpfandrechte an Luftfahrzeugen sowie Schiffshypotheken.[343] Dies folge aus teleologischen Gesichtspunkten, denn „mit der Aufzählung der Sicherungsrechte solle ... lediglich eine erwünschte Möglichkeit zur Übertragung solcher Rechte zwecks Refinanzierung geschaffen werden. Im Übrigen könne aber jeder Anspruch eingetragen werden, der eine selbständig abtretbare Forderung darstelle.[344]

Tollmann hingegen lehnt die Registrierbarkeit des selbständigen Garantieversprechens unter Verweis auf systematische, teleologische und historische Gesichtspunkte ab.[345] Die Gesetzessystematik in § 22d Abs. 2 Ziff. 1 KWG zeige, dass es wegen seiner rechtlichen Doppelnatur nicht lediglich als Forderung, sondern als Sicherheit anzusehen sei. Denn der Gesetzgeber stelle unter den einzutragenden Angaben Forderungen und Sicherheiten als Gegensatzpaare dar. Dann müsse eine als Sicherheit dienende rechtlich selbständige Forderung als Sicherheit angesehen werden. Eintragungsfähige Sicherheiten seien aber nur die in § 22a Abs. 1 KWG explizit genannten Grundpfandrechte, Registerpfandrechte an Luftfahrzeugen sowie die Schiffshypotheken. Dies folge daraus, dass die in § 22a Abs. 1 KWG im Vergleich zu dem für alle Sicherheiten offenen Referentenentwurf eintragungsfähigen Sicherheiten bewusst abschließend aufgezählt sind. Sie sollen einen Numerus clausus darstellen.[346] Dies gelte selbst dann, wenn das selbständige Garantieversprechen lediglich eine Forderung – und keine Sicherheit – im Sinne von § 22a Abs. 1 KWG darstellen würde. Den §§ 22a ff. KWG liege die Annahme zugrunde, dass aus den an die Zweckgesellschaft verkauften und im Refinanzierungsregister eingetragenen Forderungen ein Zahlungsstrom generiert werde, mit dem die Zinsansprüche der Investoren bedient werden. Da dies bei der Garantieforderung nicht der Fall sei, könne sie auch nicht registriert werden.[347]

---

342 *Schmalenbach/Sester* WM 2005, 2025, 2029.
343 *Schmalenbach/Sester* WM 2005, 2025, 2029.
344 *Schmalenbach/Sester* WM 2005, 2025, 2029.
345 *Tollmann* WM 2005, 2017, 2022 ff.
346 *Tollmann* WM 2005, 2017, 2023 Fn. 74; in diesem Sinne auch *Kokemoor/Küntzer* BB 2006, 1869, 1871.
347 *Tollmann* WM 2005, 2017, 2023 Fn. 74.

Ausgangspunkt für die Beurteilung der Registrierfähigkeit des selbständigen Garantieversprechens eines Dritten für eine refinanzierte Forderung ist daher die Frage, ob es im Regelungsbereich der §§ 22a ff. KWG lediglich als Forderung oder als Sicherheit zu qualifizieren ist. Dem Wortlaut der Normen lässt sich hierzu nichts entnehmen. Ebenso verhält es sich unter historischen Gesichtspunkten. Der Gesetzgeber hat das selbständige Garantieversprechen weder in der Gesetzesbegründung erwähnt noch war es Gegenstand von Beratungen im Zuge des Gesetzgebungsverfahrens. Systematische Erwägungen sprechen jedoch dafür, das selbständige Garantieversprechen als Sicherheit und nicht bloß als Forderung einzuordnen. Wie *Tollmann*[348] richtigerweise feststellt, liegt der Unterscheidung zwischen Forderungen und Sicherheiten in § 22d Abs. 2 Ziff. 1 KWG eine bewusste gesetzgeberische Entscheidung zugrunde. Danach gehören zu den einzutragenden Angaben zum einen die Forderungen, die *nicht* als Sicherheit dienen, und zum anderen die Sicherheiten, auf deren Übertragung der Übertragungsberechtigte einen Anspruch hat. Wegen der Allgemeinheit des Begriffs „Sicherheiten" ist davon auszugehen, dass dieser alle eintragungsfähigen Sicherheiten – also auch Forderungen, die als Sicherheit für eine andere Forderung dienen – umfassen soll.

Ist das selbständige Garantieversprechen danach im Regelungsbereich der §§ 22a ff. KWG als Sicherheit anzusehen, kommt es für dessen Eintragungsfähigkeit darauf an, ob neben den in § 22a Abs. 1 KWG ausdrücklich genannten Sicherheiten – den Grundpfandrechten, den Registerpfandrechten an Luftfahrzeugen sowie den Schiffshypotheken – noch weitere Sicherheiten in das Refinanzierungsregister eingetragen werden können.

Der Wortlaut des § 22a Abs. 1 KWG gibt hierüber keinen Aufschluss. Zwar werden nur die bereits genannten Sicherungsrechte aufgeführt. Die Vorschrift lässt aber nicht erkennen, dass diese Aufzählung abschließend sein soll. In diesem Fall hätte der Gesetzestext des § 22a Abs. 1 KWG beispielsweise lauten müssen: „... können *ausschließlich* diese Gegenstände in ein ... Refinanzierungsregister eintragen werden."

Auch unter historischen Gesichtspunkten ist von der Eintragungsfähigkeit weiterer Sicherungsrechte neben den in § 22a Abs. 1 KWG genannten auszugehen. Zwar sah § 22a Abs. 1 RefEntw noch vor, dass Gegenstände, auf deren Übertragung eine Zweckgesellschaft oder ein Refinanzierungsmittler einen Anspruch hat, in das Refinanzierungsregister eingetragen werden können. Dabei war der Begriff des Gegenstandes sehr weit zu verstehen und sollte alles umfassen, wor-

---

348 *Tollmann* WM 2005, 2017, 2023 Fn. 74.

über durch Rechtsgeschäft verfügt werden kann.[349] Eine ähnliche Formulierung fand sich in § 22c Abs. 1 Ziff. 1 RefEntw. Danach gehörte zu den eintragungspflichtigen Angaben der jeweilige Gegenstand, auf dessen Übertragung der Übertragungsberechtigte einen Anspruch hat. Der Begriff des Gegenstands war hierbei im oben genannten Sinne zu verstehen. Daneben sah § 22o RefEntw die Schaffung eines Grundpfandrechtsregisters vor. In dieses sollten lediglich grundpfandrechtlich gesicherte Forderungen eines Kreditinstituts, auf deren Übertragung ein anderes Unternehmen einen Anspruch hat, zusammen mit den Grundpfandrechten eingetragen werden können. Der letztlich verabschiedete § 22a Abs. 1 KWG verwendet nicht mehr den Begriff des Gegenstands. Er ist durch die Aufzählung der Sicherungsrechte in seiner Formulierung wesentlich enger und zudem § 22o RefEntw sehr ähnlich. Dies spricht eigentlich dafür, mit *Tollmann*[350] die Auflistung der Sicherungsrechte in § 22a Abs. 1 KWG als bewusste gesetzgeberische Entscheidung und somit als abschließend im Sinne eines Numerus clausus zu bewerten.

§ 22d Abs. 2 Ziff. 1 KWG sieht jedoch vor, dass zu den eintragungspflichtigen Angaben neben den Forderungen die „Sicherheiten" gehören, auf deren Übertragung der Übertragungsberechtigte einen Anspruch hat. Diese Formulierung ist zwar ebenfalls enger als der in § 22c Abs. 1 Ziff. 1 RefEntw verwendete Begriff des Gegenstands. Der Begriff der Sicherheiten ist allerdings auch sehr allgemein gehalten und würde grundsätzlich nicht nur die in § 22a Abs. 1 KWG aufgezählten Sicherungsrechte umfassen. Wäre dies der Fall, ergäbe eine Zusammenschau von § 22a Abs. 1 KWG und § 22d Abs. 2 Ziff. 1 KWG, dass die Aufzählung der Sicherungsrechte in § 22a Abs. 1 KWG lediglich als beispielhaft angesehen werden dürfte. Denn die die Eintragungspflicht aus § 22d Abs. 2 Ziff. 1 KWG bezöge sich auf einen größeren Kreis an Sicherungsrechten.

Fraglich ist daher, ob von dem Begriff der Sicherheiten in § 22d Abs. 2 Ziff. 1 KWG lediglich die in § 22a Abs. 1 KWG aufgezählten Sicherheiten umfasst sind oder ob er daneben weitere Sicherheiten beinhaltet. Der Wortlaut spricht – wie bereits erwähnt – aufgrund der Allgemeinheit der Formulierung für eine solche Auslegung. Die Gesetzesbegründung deutet ebenso darauf hin. Der Gesetzgeber nimmt darin allein Bezug auf Grundpfandrechte und lässt die anderen in § 22a Abs. 1 KWG genannten Sicherungsrechte unerwähnt.[351] Hätte er gewollt, dass nur die in § 22a Abs. 1 KWG genannten Sicherungsrechte umfasst sein sollen, hätte er dies hier deutlich machen können. Eine teleologische Ausle-

---

349 Begründung des Referentenentwurfs zu § 22a, S. 43.
350 *Tollmann* WM 2005, 2017, 2023 Fn. 74.
351 Gesetzesbegründung zu § 22d, S. 19.

gung kommt aus oben[352] genannten Gesichtspunkten zu demselben Ergebnis. Es wäre dem Gesetzeszweck – ABS-Transaktionen sowie die Offenheit gegenüber neuen Refinanzierungstechniken zu fördern – wiederum nicht dienlich, den Kreis der eintragungsfähigen Sicherungsrechte auf die in § 22a Abs. 1 KWG genannten zu beschränken. Schließlich bestehen auch keine Zweifel in systematischer Hinsicht unter dem Gesichtspunkt der Einheit des Gesetzes. Vielmehr erscheint die Allgemeinheit der Formulierung in § 22d Abs. 2 Ziff. 1 KWG umso schlüssiger, wenn man die Aufzählung der Sicherungsrechte in § 22a Abs. 1 KWG als nicht abschließend betrachtet.

Als Zwischenergebnis lässt sich somit Folgendes festhalten: Die Auslegung spricht bisher dafür, dass die Aufzählung der Sicherheiten in § 22a Abs. 1 Satz 1 KWG nur beispielhaft ist und der Begriff der Sicherheiten in § 22d Abs. 2 Ziff. 1 KWG nicht nur die in § 22a Abs. 1 Satz 1 KWG aufgezählten Sicherheiten umfasst.

Dieser Auslegung des § 22a Abs. 1 KWG steht auch nicht die Integration des Grundpfandrechtsregisters nach § 22o RefEntw[353] sowie die begriffliche Beschränkung des § 22a Abs. 1 HS 1 KWG auf die in § 22o RefEntw genannten Grundpfandrechte entgegen. Das Refinanzierungsregister dient einem gänzlich anderen Zweck als das Grundpfandrechtsregister. So sollte das Grundpfandrechtsregister ausweislich des Referentenentwurfs insbesondere den Kreditinstituten die Risikosteuerung und Risikodifferenzierung sowie allgemein die Verwaltung ihrer Bestände an Grundpfandrechten nebst gesicherten Forderungen erleichtern, mithin das Portfoliomanagement verbessern helfen.[354] Das Grundpfandrechtsregister sollte dabei insbesondere auch von Nicht-Refinanzierungsunternehmen genutzt werden können. Hieraus wird deutlich, dass das Grundpfandrechtsregister nicht geschaffen werden sollte, um die Refinanzierungsmöglichkeiten von Unternehmen zu verbessern. Vielmehr sollte es Unternehmen die Möglichkeit geben, ihr einseitig ausgerichtetes Grundpfandrechts- und Forderungsportfolio beispielsweise regional zu diversifizieren. Die Unternehmen sollten daher mit geringem Kosten- und Verwaltungsaufwand Grundpfandrechte und grundpfandrechtlich gesicherte Forderungen untereinander austauschen können, um so „Klumpenrisiken" abzubauen. Demgegenüber soll das Refinanzierungsregister den Unternehmen zwar auch eine verbesserte Risikostreuung und Risikodiversifizierung ermöglichen, allerdings auf dem Wege der Refinanzierung.[355] Diese Art des Portfoliomanagements ist mit der des

---

352 Siehe oben 2. Teil A V 5 b.
353 *Tollmann* WM 2005, 2017 Fn. 14 a. E.
354 Begründung des Referentenentwurfs, S. 55.
355 Gesetzesbegründung allgemeiner Teil, S. 15 ff.

Grundpfandrechtsregisters nicht vergleichbar. Die Integration des Grundpfandrechtsregisters in das Refinanzierungsregister kann daher nicht als (inhaltliche)
Gleichsetzung des Refinanzierungsregisters mit dem Grundpfandrechtsregister
verstanden werden. Vielmehr wurden nur tatsächliche Elemente des Grundpfandrechtsregisters integriert, während die Zwecksetzung nicht übertragen,
sondern vom Gesetzgeber durch das unbedingte Erfordernis der Refinanzierung[356] verworfen wurde. Die schlichte Folgerung, wegen der Integration des
Grundpfandrechtsregisters bestimme § 22a Abs. 1 KWG einen Numerus clausus
der Sicherungsrechte, würde daher nicht zutreffen.

Für die Annahme einer nicht abschließenden Aufzählung der Sicherungsrechte
in § 22a Abs. 1 KWG kann zudem die Legaldefinition des Refinanzierungsunternehmens gemäß § 1 Abs. 24 KWG herangezogen werden. Danach sind Refinanzierungsunternehmen Unternehmen, die zum Zwecke der Refinanzierung
Gegenstände aus ihrem Geschäftsbetrieb an Zweckgesellschaften veräußern. Der
Kreis der refinanzierungsfähigen Gegenstände ist bei dieser Definition, die identisch mit der des Referentenentwurfs ist,[357] demnach nicht beschränkt. Zwar
könnte argumentiert werden, dass die systematische Stellung der Legaldefinition
gegen die hier vertretene Auslegung des § 22a Abs. 1 KWG spricht. Immerhin
steht sie vor den Regelungen zum Refinanzierungsregister quasi im „allgemeinen Teil" des KWG. Jedoch könnte sie ebenso gut innerhalb der §§ 22a ff.
KWG stehen, da sie faktisch nur auf die §§ 22a ff. KWG angewendet wird. Weitere Regelungen des KWG, die auf § 1 Abs. 24 KWG Bezug nehmen sind nicht
vorhanden und zudem nicht absehbar. Darüber hinaus hat der Gesetzgeber bei
der Begründung zu § 1 Abs. 24 KWG zwar insbesondere die Offenheit gegenüber neuen Refinanzierungstechniken betont,[358] so dass dies für eine von den
§§ 22a ff. KWG unabhängige Anwendung spricht. Die Gesetzesbegründung
lässt aber den Schluss zu, dass sich § 1 Abs. 24 KWG – genau wie die §§ 22a ff.
KWG – hauptsächlich an ABS-Transaktionen orientiert. Dies wird nicht zuletzt
aus § 1 Abs. 24 HS 2 deutlich. Danach ist es unschädlich, wenn eine True-Sale
Verbriefung mit einer synthetischen Verbriefung kombiniert wird.[359] Diese Regelung betrifft ausschließlich ABS-Transaktionen. Es besteht somit ein sehr enger Bezug zu den §§ 22a ff. KWG.

---

356 Gesetzesbegründung zu § 22a, S. 17.
357 Referentenentwurf vom September 2004, S. 14.
358 Gesetzesbegründung zu Buchstabe b, S. 17: „Der Zweck der Refinanzierung ist dabei in
     einem weiten Sinne zu verstehen und ist nicht auf die derzeit am Markt üblichen Refi-
     nanzierungstechniken beschränkt."
359 Gesetzesbegründung zu Buchstabe b, S. 17.

Als Ergebnis lässt sich daher Folgendes festhalten: Die Aufzählung in § 22a Abs. 1 KWG ist nicht abschließend. Mithin kann das selbständige Garantieversprechen eingetragen werden.

Wenn das selbständige Garantieversprechen eines Dritten für eine refinanzierte Forderung im Regelungsbereich des § 22a Abs. 1 KWG lediglich als Forderung und nicht als Sicherheit angesehen würde, würde das Gleiche gelten. Nach der hier vertretenen Ansicht könnte es ebenfalls in das Refinanzierungsregister eingetragen werden. Da Forderungen im Sinne des § 22a Abs. 1 KWG als Forderungen im Allgemeinen anzusehen sind, besteht die Eintragungsfähigkeit unabhängig davon, worauf sich das Forderungsrecht bezieht. Insbesondere wird nicht vorausgesetzt, dass aus der Forderung ein Zahlungsstrom generiert wird.[360]

c)   Sicherungszession

Die Eintragungsfähigkeit einer zur Sicherheit zedierten Forderung in das Refinanzierungsregister wird ebenfalls nicht einheitlich beurteilt.

Tollmann hält solche Forderungen nicht für registrierfähig.[361] Eine zur Sicherheit zedierte Forderung sei im Regelungsbereich der §§ 22a ff. KWG als Sicherheit anzusehen. Da § 22a Abs. 1 KWG jedoch einen Numerus clausus der Sicherungsrechte in Bezug auf Grundpfandrechte, Registerpfandrechte an Luftfahrzeugen sowie Schiffshypotheken enthalte, könne eine solche Forderung nicht in das Refinanzierungsregister eingetragen werden. Zudem könne eine zur Sicherheit zedierte Forderung ohne großen Aufwand vollwirksam übertragen werden. Einer Eintragung in das Refinanzierungsregister bedürfe es somit nicht, da auch ohne Eintragung ein Aussonderungsrecht gem. § 47 InsO entstehe.[362] Im Übrigen gingen die §§ 22a ff. KWG davon aus, dass aus den an die Zweckgesellschaft veräußerten Forderungen ein Zahlungsstrom generiert werde, den diese zur Zinszahlung an die Investoren verwende. Dies sei bei einer solchen Forderung jedoch nicht der Fall. Schließlich spreche gegen die Registrierfähigkeit, dass eine zur Sicherheit abgetretene Forderung in der Insolvenz lediglich ein Absonderungsrecht begründe.[363] Eine Eintragung in das Refinanzierungsregister, die zu einem Aussonderungsrecht führe, solle daran nichts ändern.

---

360 A. A. *Tollmann* WM 2005, 2017, 2023 Fn. 74.
361 *Tollmann* WM 2005, 2017, 2022 f.
362 *Bäuerle* in Braun, InsO, § 47 Rn. 12.
363 BGH ZIP 1989, 118, 119.

Schmalenbach/Sester hingegen gehen von der Eintragungsfähigkeit einer zur Sicherheit zedierten Forderung aus.[364] Im Unterschied zu *Tollmann* soll eine solche Forderung im Regelungsbereich der §§ 22a ff. KWG nicht als Sicherheit, sondern lediglich als Forderung anzusehen sein. Da § 22a Abs. 1 KWG eine Registrierbarkeit von Forderungen im Allgemeinen vorsehe,[365] könne somit auch diese Forderung im Refinanzierungsregister eingetragen werden.

Wie schon oben festgestellt, handelt es sich gem. § 22d Abs. 2 Ziff. 1 KWG bei Forderungen und Sicherheiten um ein Gegensatzpaar.[366] Daher sind zur Sicherheit abgetretene Forderungen im Regelungsbereich der §§ 22a ff. KWG mit *Tollmann* nicht lediglich als Forderung, sondern als Sicherheit anzusehen. Jedoch handelt es sich nach der hier vertretenen Ansicht bei den in § 22a Abs. 1 KWG aufgelisteten Sicherheiten nicht um einen Numerus clausus. Vielmehr ist dies bloß eine beispielhafte Aufzählung und es sind daneben noch weitere Sicherungsrechte eintragungsfähig. Gegen die Eintragungsfähigkeit einer solchen Forderung spricht nicht, dass sie ohne weiteres vollwirksam übertragen werden könnte und es einer Eintragung in das Refinanzierungsregister daher nicht bedarf. Das Gesetz macht eine aufwendige Übertragbarkeit nicht zur Voraussetzung für eine Eintragung. Nach § 22a Abs. 1 KWG können auch nicht grundpfandrechtlich gesicherte Forderungen in das Refinanzierungsregister eingetragen werden.[367] Diese könnten ebenfalls ohne weiteres wirksam auf die Zweckgesellschaft übertragen werden.

Darüber hinaus wird für die Eintragungsfähigkeit einer Forderung nicht vorausgesetzt, dass die Forderung einen Zahlungsstrom generiert.[368] *Tollmann* widerspricht sich hier selbst, indem er dieses Erfordernis für Forderungen – und damit auch für eine zur Sicherheit abgetretene Forderung – aufstellt und in diesem Zusammenhang anspricht. Eine zur Sicherheit übertragene Forderung zählt er im gleichen Atemzug bei § 22a Abs. 1 KWG aber zu den Sicherheiten und nicht zu den Forderungen.[369] Dann muss jedoch auch kein Zahlungsstrom generiert werden, da dies auch nach Ansicht *Tollmanns* für Sicherheiten gerade keine Voraussetzung ist.

---

364 *Schmalenbach/Sester* WM 2005, 2025, 2029.
365 *Schmalenbach/Sester* WM 2005, 2025, 2027.
366 Siehe oben 2. Teil A V 5 b.
367 Siehe oben 2. Teil A V 3; so auch *Tollmann* ZHR 169 (2005), 594, 602, der sich damit in Widerspruch zu seiner eigenen Argumentation setzt.
368 A. A. *Tollmann* WM 2005, 2017, 2023 Fn. 74.
369 *Tollmann* WM 2005, 2017, 2022.

Im Übrigen kommt es für die Registrierfähigkeit nicht darauf an, dass eine zur Sicherheit abgetretene Forderung in der Insolvenz lediglich zur Absonderung gem. § 51 Ziff. 1 in Verbindung mit § 50 Abs. 1 InsO führt.[370] Die Eintragung in das Refinanzierungsregister ändert hieran nichts. Sie führt allein auf Seiten der Zweckgesellschaft in der Insolvenz des Refinanzierungsunternehmens gemäß § 22j Abs. 1 KWG zu einem Aussonderungsrecht nach § 47 InsO bei diesem. Die Eintragung berechtigt jedoch nicht zur Aussonderung beim Sicherungsgeber, dem Drittschuldner. Bei diesem kann die Zweckgesellschaft auch nach der Eintragung im Refinanzierungsregister nur ein Absonderungsrecht geltend machen. Dies genügt allerdings den Interessen der Zweckgesellschaft, da es ihr allein darauf ankommt, in der Insolvenz des Refinanzierungsunternehmens Zugriff auf die Forderung zu bekommen. Dies ist durch die Eintragung im Refinanzierungsregister gewährleistet.

Da somit die gegen die Eintragungsfähigkeit einer zur Sicherheit zedierten Forderung in das Refinanzierungsregister angeführten Argumente nicht überzeugen, ist von der Eintragungsfähigkeit einer solchen Forderung auszugehen.

d)   Sicherungsübereignung

Anders sieht dies im Hinblick auf zur Sicherheit übereignete bewegliche und unbewegliche Sachen aus (Sicherungsübereignung). Diese sind nach einhelliger Ansicht nicht eintragungsfähig.[371]

Zwar spricht der Wortlaut nicht gegen deren Eintragungsfähigkeit. Denn § 22a Abs. 1 KWG schließt die Eintragungsfähigkeit von beweglichen und unbeweglichen Sachen nicht explizit aus. Teleologische Gesichtspunkte sprechen sogar eher für deren Eintragungsfähigkeit. So hat der Gesetzgeber neben einer Verbesserung der Refinanzierungsmöglichkeiten mehrfach die Offenheit der §§ 22a ff. KWG gegenüber neuen Refinanzierungstechniken betont.[372]

Unter historischen und systematischen Gesichtspunkten hingegen ist die Eintragungsfähigkeit beweglicher und unbeweglicher Sachen abzulehnen. Die §§ 22a Abs. 1 und 22c Abs. 1 Ziff. 1 RefEntw sahen noch vor, dass „Gegenstände", auf deren Übertragung der Übertragungsberechtigte einen Anspruch hat, in das Refinanzierungsregister eingetragen werden können. Der Begriff des Gegenstandes war dabei im weitesten Sinne zu verstehen und sollte alle Gegenstände umfas-

---

370 BGH ZIP 1989, 118, 119.
371 So auch *Tollmann* WM 2005, 2017, 2022 f.; *Schmalenbach/Sester* WM 2005, 2025, 2029; *Kokemoor/Küntzer* BB 2006, 1869, 1871.
372 Gesetzesbegründung zu Nr. 2 b, S. 16 f.

sen, über die durch Rechtsgeschäft verfügt werden kann.[373] Hierunter fielen also auch bewegliche und unbewegliche Sachen. Die heutige Fassung der §§ 22a Abs. 1 und 22d Abs. 2 Ziff. 1 KWG ist enger und nennt als eintragungsfähige Gegenstände nur noch Rechte (Forderungen) und Rechte an Sachen (Grundpfandrechte, Registerpfandrechte an Luftfahrzeugen sowie Schiffshypotheken), jedoch nicht Sachen selbst. Zwar wurde oben festgestellt, dass das Gesetz in Bezug auf die eintragungsfähigen Sicherheiten in § 22a Abs. 1 KWG nicht abschließend formuliert ist, mithin keinen Numerus clausus enthält. Dies steht einer Beschränkung der registrierbaren Gegenstände auf Rechte und Rechte an Sachen jedoch nicht entgegen, da diese Beschränkung auf einer anderen Ebene stattfindet. Sie betrifft die Ebene vor der Frage, welche Rechte und Rechte an Sachen registrierfähig sind. Diese Auslegung wird unterstützt durch die Tatsache, dass bewegliche und unbewegliche Sachen selbst üblicherweise nicht Gegenstand von Refinanzierungstransaktionen sind.[374]

Zudem bestünde zwischen der Eintragung einer zur Sicherheit abgetretenen Forderung und der Eintragung einer zur Sicherheit übereigneten beweglichen oder unbeweglichen Sache ein bedeutender Unterschied im Hinblick auf deren gutgläubigen Erwerb durch einen Dritten. Dies hängt mit § 22j Abs. 2 KWG zusammen, wonach die Eintragung in das Refinanzierungsregister weder die Verfügungsbefugnis des Refinanzierungsunternehmens noch des Sicherungsgebers einschränkt. Während die Forderung in der Regel nach der Abtretung aufgrund des Prioritätsgrundsatzes nicht mehr gutgläubig erworben werden kann (Dies ist nur noch im Fall des § 405 BGB möglich.), ist ein gutgläubiger Erwerb der beweglichen (vgl. § 932 BGB) und unbeweglichen (vgl. §§ 892, 893 BGB) Sachen weiterhin problemlos möglich. Schließlich befinden sich zur Sicherheit übertragene bewegliche und unbewegliche Sachen üblicherweise auch nach der Übertragung an den Sicherungsnehmer im Besitz des Sicherungsgebers. Sie eignen sich daher besonders schlecht für eine Refinanzierungstransaktion, da der Zugriff der Zweckgesellschaft auf die sicherungsübereigneten Sachen sehr schwierig sein wird. Zudem muss in erhöhtem Maße mit Ausfällen der Sicherheiten aufgrund abredewidriger Verfügungen gerechnet werden. Auch aus diesem Grunde hat der Gesetzgeber eine Eintragungsfähigkeit dieser Sachen nicht vorgesehen.
Zur Sicherheit übereignete bewegliche oder unbewegliche Sachen sind daher nicht eintragungsfähig.

---

373 Begründung des Referentenentwurfs, S. 43.
374 *Tollmann* WM 2005, 2017, 2023.

3. Ausländische Sicherungsrechte

Der Anwendungsbereich des Refinanzierungsregisters ist nicht bloß auf inländische Forderungen und Grundpfandrechte, Registerpfandrechte an Luftfahrzeugen sowie Schiffshypotheken (sowie die anderen eintragungsfähigen Sicherungsrechte) beschränkt. Die historische Auslegung ergibt, dass auch ausländische Forderungen und Sicherungsrechte eintragungsfähig sind.[375] Zwar äußert
sich der Gesetzgeber nicht dahingehend, ob die in- und ausländischen einzutragenden Vermögensgegenstände vergleichbar sein müssen. Aufgrund der üblicherweise zwischen den verschiedenen Rechtsordnungen bestehenden Unterschiede ist daher lediglich zu fordern, dass zwischen den in- und ausländischen
einzutragenden Vermögensgegenständen ein Mindestmaß an Vergleichbarkeit
besteht. Keinesfalls müssen für die Eintragungsfähigkeit der ausländischen
Rechte diese im Vergleich zu den inländischen Rechten rechtlich identisch ausgestaltet sein. Der Gesetzgeber hat damit die Nutzung des Refinanzierungsregisters auch bei transnationalen Refinanzierungstransaktionen ermöglicht.[376]

VII. Die Eintragungsfähigkeit sonstiger Rechte

Die Eintragungsfähigkeit sonstiger Rechte neben den oben genannten Rechten
besteht nach allgemeiner Ansicht nicht.[377] Es können daher beispielsweise nicht
sonstige bewegliche oder unbewegliche Sachen, Pfandrechte oder dingliche
Nutzungsrechte in das Refinanzierungsregister eingetragen werden.

Der Wortlaut ist diesbezüglich zwar wiederum offen, da diese Rechte nicht ausdrücklich von der Eintragung im Refinanzierungsregister ausgeschlossen werden. Eine historische Auslegung der §§ 22a ff. KWG kommt aber zum Aus-
schluss der Registrierbarkeit sonstiger Rechte. Hätte der Gesetzgeber deren Registrierbarkeit gewollt, hätte er den im Referentenentwurf verwendeten und im
weitesten Sinne zu verstehenden Begriff des „Gegenstands"[378] im letztlich verabschiedeten Gesetz beibehalten können. Er hätte sich mithin nicht auf die in
den §§ 22a Abs. 1 und 22d Abs. 2 Ziff. 1 KWG genannten Rechte beschränken
müssen. Dann hätten auch sonstige Rechte in das Refinanzierungsregister eingetragen werden können. Das Ergebnis der historischen Auslegung steht auch
noch im Einklang mit dem Zweck des Gesetzes, die Refinanzierungsmöglichkei-

---

375 Gesetzesbegründung zu § 22a, S. 18; *Tollmann* ZHR 169 (2005), 594, 606; *Koke-*
    moor/Küntzer BB 2006, 1869, 1871.
376 *Tollmann* ZHR 169 (2005), 594, 606.
377 *Tollmann* WM 2005, 2017, 2022 ; *Schmalenbach/Sester* WM 2005, 2025, 2027 ff.; *Ko-*
    kemoor/Küntzer BB 2006, 1869, 1871.
378 Begründung zum Referentenentwurf, S. 43.

ten zu verbessern, und mit der vom Gesetzgeber mehrfach betonten Offenheit der Regelungen gegenüber neuen Refinanzierungstechniken.[379] Denn eine Refinanzierung sonstiger Rechte, wie etwa den beispielhaft genannten, findet üblicherweise nicht statt.[380]

B. Mögliche Treuhandmodelle bei Anwendung des Refinanzierungsregisters

I. Treuhandmodelle

Damit der Treuhänder seine Aufgaben optimal wahrnehmen kann, kommt es darauf an, dass diesem eine zweckentsprechende Stellung eingeräumt wird. Bei der Wahl des richtigen Treuhandmodells ist daher insbesondere darauf zu achten, dass der Treuhänder im Fall der Insolvenz der Zweckgesellschaft oder des Refinanzierungsunternehmens die Rechte der Investoren unbeschränkt wahrnehmen kann. Dies bedeutet vor allem, dass er in der Lage sein muss, den Zahlungsstrom an die Investoren aufrechtzuerhalten bzw. insolvenzbedingte Verluste zu vermeiden. Hierzu kann er entweder die Transaktion beispielsweise durch Übernahme der Funktion des Servicers weiterführen oder die zur Verfügung stehenden Sicherheiten verwerten. Als mögliche Treuhandmodelle kommen dabei sowohl die echte, fremdnützige als auch die unechte, fremdnützige Treuhand in Frage.[381]

1. Die echte, fremdnützige Treuhand

Bei der echten, fremdnützigen Treuhand werden die als Sicherheit dienenden Vermögensgegenstände der Zweckgesellschaft vollwirksam auf den Treuhänder übertragen.

a) Die Abtretung der Übertragungsanprüche und der Registerpositionen

Bei bisherigen ABS-Transaktionen, die ohne das Refinanzierungsregister durchgeführt und bei denen vom Refinanzierungsunternehmen aus Kosten- und Geheimhaltungsgründen[382] daher – faktisch – lediglich nicht grundpfandrechtlich gesicherte Forderungen[383] auf die Zweckgesellschaft übertragen wurden, wurden

---

379 Gesetzesbegründung zu Nr. 2 b, S. 16 f.
380 *Tollmann* WM 2005, 2017, 2023.
381 Siehe oben 1. Teil B IV.
382 Siehe oben 1. Teil A VI.
383 Bei den dennoch in Deutschland durchgeführten MBS-Transaktionen kam es nicht zu einer vollwirksamen Übertragung der grundpfandrechtlich besicherten Forderungen und

diese Forderungen (zur Sicherheit – sofern eine Sicherungsübereignung vereinbart wurde[384]) wirksam auf den Treuhänder übertragen. Dies hat sich mit der
Einführung des Refinanzierungsregisters geändert. In das Refinanzierungsregister werden dabei gem. § 22d Abs. 2 Ziff. 1 KWG lediglich die Forderungen
bzw. Grundpfandrechte[385] eingetragen, auf deren Übertragung die Zweckgesellschaft einen Anspruch hat. Eine wirksame Übertragung der Forderungen bzw.
Grundpfandrechte selbst findet erst im Sicherungsfall, der Insolvenz des Refinanzierungsunternehmens, statt. Insofern besteht das Vermögen der Zweckgesellschaft somit nicht mehr aus den Vermögensgegenständen an sich, sondern
lediglich aus den Ansprüchen auf Übertragung der in das Refinanzierungsregister eingetragenen und gem. § 22j Abs. 1 KWG aussonderungsfähigen Vermögensgegenstände.[386] Es werden daher nur noch die Ansprüche auf Übertragung
der eingetragenen Vermögensgegenstände sowie die Registerpositionen[387] an
den Treuhänder abgetreten.[388]

b) Die Ausgestaltung der vertraglichen Verhältnisse

Trotz der umfangreichen Aufgaben des Treuhänders[389] geht dieser in der Regel
nur ein Vertragverhältnis mit der Zweckgesellschaft ein.[390] Dabei kommt es einerseits zum Abschluss eines dinglichen Abtretungsvertrags bezüglich der (als
Sicherheit dienenden) Vermögensgegenstände der Zweckgesellschaft, also der
Ansprüche auf Übertragung der Forderungen und der Grundpfandrechte sowie

---

der entsprechenden Grundpfandrechte. Zur entsprechenden Transaktionsstruktur siehe 1.
Teil B IV 5 und der Offering Circulars zu den Transaktionen „HAUS 1998-1" und
„HAUS 2000-1".

384 Siehe zum Trustee Claim 1. Teil B IV 5.

385 Der Einfachheit halber sollen im Folgenden nur noch die Grundpfandrechte als Sicherheiten genannt werden. Die Ausführungen gelten dabei aber entsprechend für die Registerpfandrechte an Luftfahrzeugen und die Schiffshypotheken sowie die anderen eintragungsfähigen Sicherungsrechte.

386 Dies gilt nur für den Fall, dass sämtliche an die Zweckgesellschaft veräußerten Gegenstände in das Refinanzierungsregister eingetragen werden. Es bleibt dem Refinanzierungsunternehmen ausweislich der Gesetzesbegründung zu § 22a, S. 18, unbenommen, im
Rahmen einer Transaktion daneben weitere Gegenstände zu veräußern, diese jedoch
nicht in das Refinanzierungsregister einzutragen.

387 Siehe zur Definition der Registerposition 2. Teil C II.

388 Bei der nichtakzessorischen Grundschuld können die Forderungen allerdings auch wirksam übertragen werden.

389 Siehe oben 1. Teil A III 3.

390 Dies gilt jedenfalls dann, wenn die Zweckgesellschaft zugleich die Emittentin der Anleihen ist. Sind die Zweckgesellschaft und die Emittentin nicht identisch, kann das entsprechende Vertragsverhältnis auf die Emittentin ausgedehnt werden (*Rinze/Klüwer* BB
1998, 1697, 1698).

der Registerpositionen. Andererseits wird ein Treuhandvertrag abgeschlossen. Darin werden die Rechte und Pflichten des Treuhänders in Bezug auf die ihm übertragenen Vermögenswerte festgelegt. Zudem werden Einzelheiten für den Fall geregelt, dass die Zweckgesellschaft oder das Refinanzierungsunternehmen notleidend werden. Es werden aber auch Regelungen über die Vergütung, die Haftung und die mögliche Ersetzung des Treuhänders getroffen.[391] Da der Treuhänder seine Rechte im Interesse der Investoren ausübt, wird der Vertrag als ein echter Vertrag zugunsten Dritter – der Investoren – gem. § 328 BGB ausgestaltet.[392] Dies bedeutet, dass die Investoren ein eigenes Forderungsrecht auf Erfüllung der vertraglichen Verpflichtungen gegenüber dem Treuhänder haben. Dadurch können sie von diesem beispielsweise im Sicherungsfall verlangen, dass er die Sicherheiten verwertet.

c) Rechtsfolgen

Bei dieser Art der Transaktionsgestaltung ist sowohl in der Insolvenz der Zweckgesellschaft als auch in der Insolvenz des Treuhänders sichergestellt, dass die Ansprüche der Investoren bedient werden. Gerät die Zweckgesellschaft in die Insolvenz, kann der Treuhänder aufgrund der an ihn abgetretenen Übertragungsansprüche und Registerpositionen diese nahezu unabhängig von den Vorkommnissen bei der Zweckgesellschaft geltend machen bzw. weiterhin verwalten und die eingehenden Zahlungen an die Investoren weiterleiten.[393] Gerät hingegen der Treuhänder in die Insolvenz, kann die Zweckgesellschaft die treuhänderisch übertragenen Vermögenswerte gem. § 47 InsO aussondern[394] und zur weiteren Verwaltung an einen neuen Treuhänder (sicherungs-) übereignen. Da bei der treuhänderischen Abtretung der Vermögenswerte insbesondere das Unmittelbarkeitsprinzip gewahrt wird, bestehen im Hinblick auf das Aussonderungsrecht der Zweckgesellschaft keine Probleme.

---

391 *Möller* Die Sparkasse 1997, 86, 88 f.
392 *Möller* Die Sparkasse 1997, 86, 88 f.; *Kürn*, MBS, S. 147; Offering Circular der Driver Three GmbH, S. 115 f.
393 Es ist jedoch zu bedenken, dass die treuhänderisch gehaltenen Vermögenswerte zur Insolvenzmasse der Zweckgesellschaft zählen (BGH NJW 1962, 1200, 1201). Die weitere Verwaltung der Vermögensgegenstände hat daher in Abstimmung mit dem Insolvenzverwalter der Zweckgesellschaft zu erfolgen. Dies gilt nicht, wenn die Vermögensgegenstände zur Sicherheit übereignet wurden. Dann steht Sicherungsnehmer in der Insolvenz des Sicherungsgebers ein Absonderungsrecht nach § 51 Ziff. 1 InsO zu.
394 BGH WM 2003, 1733, 1734; Bei der Sicherungsübereignung gilt dies nur, soweit die Zweckgesellschaft (Sicherungsgeber) die gesicherte Forderung des Treuhänders (Sicherungsnehmer) erfüllt. Sie muss gem. dem sog. „Trustee Claim" daher die Forderungen der Investoren erfüllen.

2. Die unechte, fremdnützige Treuhand

Das zweite mögliche Treuhandmodell ist die unechte, fremdnützige Treuhand. Hierbei werden im Gegensatz zur echten, fremdnützigen Treuhand die Vermögenswerte der Zweckgesellschaft nicht auf den Treuhänder übertragen. Es wird lediglich ein schuldrechtlicher Treuhandvertrag mit dem oben dargestellten Inhalt[395] zwischen dem Treuhänder und der Zweckgesellschaft abgeschlossen. Auch dieser Vertrag ist als ein Vertrag zugunsten Dritter im Sinne des § 328 BGB ausgestaltet. Den Investoren kommt daher ein eigenes Forderungsrecht gegenüber dem Treuhänder auf Erfüllung der vertraglichen Verpflichtungen zu.

Die Nachteile dieses Treuhandverhältnisses zeigen sich jedoch in der Insolvenz der Zweckgesellschaft. Der Treuhänder kann nicht unabhängig von den Vorkommnissen bei der Zweckgesellschaft im Interesse der Investoren agieren. Er ist einerseits möglicherweise auf die Zusammenarbeit mit einem Insolvenzverwalter angewiesen. Andererseits stehen die Vermögenswerte mangels Übertragung auf den Treuhänder nicht lediglich den Investoren, sondern grundsätzlich allen Gläubigern der Zweckgesellschaft als Insolvenzmasse zur Verfügung. Dies kann sich dann nachteilig auswirken, wenn neben den Investoren weitere Gläubiger vorhanden sind. Insbesondere andere Transaktionsteilnehmer mit offenen Gebührenforderungen kommen hierbei in Betracht.

II. Relevanz der Treuhandmodelle für ABS-Transaktionen

Der Treuhänder hat im Rahmen von ABS-Transaktionen schon seit jeher die oben[396] beschriebenen Funktionen übernommen. Er stellt somit insbesondere für die Investoren ein wichtiges Glied einer solchen Transaktion dar. Diese strategische Bedeutung verdankt der Treuhänder nicht zuletzt den Rating-Agenturen, die die Institution des Treuhänders für ein optimales Rating eines ABS-Papiers verlangen.[397]

In diesem Zusammenhang weist die echte, fremdnützige Treuhand die größte Relevanz auf. Da die Vermögenswerte der Zweckgesellschaft vollwirksam auf den Treuhänder übertragen werden, ist seine Position besonders stark. Er kann als Folge der vollständigen Rechtsinhaberschaft, die lediglich im Innenverhältnis durch den Treuhandvertrag beschränkt ist, alle sich aus den Vermögensgegenständen ergebenden Rechte geltend machen.

---

395 Siehe oben 2. Teil B I 1 b.
396 Siehe oben 1. Teil A III 3.
397 Standard and Poor's Reverse Mortgage Criteria Report, 2004, S. 84.

Demgegenüber hat die unechte, fremdnützige Treuhand eine weitaus geringere Bedeutung für ABS-Transaktionen. Der Treuhänder kann seine Rechte bloß aufgrund einer schuldrechtlichen Rechtsposition wahrnehmen. Im Falle einer Insolvenz der Zweckgesellschaft hat er daher kein Aussonderungsrecht.[398] Die Konsequenz einer solchen Konstruktion wäre aufgrund des erhöhten Risikos für die Investoren in der Regel ein schlechteres Rating der Anleihen. Deshalb wird üblicherweise von dieser Art der Treuhand abgesehen.

1. Die Treuhandmodelle nach Einführung des Refinanzierungsregisters

Auch bei ABS-Transaktionen, die sich des Refinanzierungsregisters bedienen, wird die echte, fremdnützige Treuhand weiterhin gegenüber der unechten, fremdnützigen Treuhand die größere Relevanz behalten. Aufgrund der Eigenart des Refinanzierungsregisters findet zwar außer im Sicherungsfall in der Regel kein Vollrechtsübergang der Vermögensgegenstände des Refinanzierungsunternehmens auf den Treuhänder statt. Vielmehr werden ihm lediglich die als Sicherheit dienenden Übertragungsansprüche und Registerpositionen der Zweckgesellschaft zur treuen Hand übertragen.[399] Seine Rechtsstellung erfährt allein deshalb jedoch keine wesentliche Änderung. Wegen seiner Position als Inhaber der Übertragungsansprüche der in das Refinanzierungsregister eingetragenen Vermögensgegenstände in Verbindung mit dem zwischen ihm und der Zweckgesellschaft abgeschlossenen Treuhand- und Verwaltungsvertrag kann er auch weiterhin seine oben genannten Funktionen umfassend und wirkungsvoll wahrnehmen. Insbesondere bleiben die vertraglichen Verhältnisse zwischen der Zweckgesellschaft und dem Refinanzierungsunternehmen gleich. Somit wird das sog. Servicing auch weiterhin vom Refinanzierungsunternehmen wahrgenommen. Insofern bestehen hinsichtlich der Rechte des Treuhänders in Bezug auf den zu verwaltenden Zahlungsstrom keinerlei Unterschiede zu dem Fall, dass die im Refinanzierungsregister eingetragenen Vermögensgegenstände vollwirksam auf den Treuhänder übertragen werden.

Darüber hinaus bewirkt § 22j KWG mit der Gewährung eines Aussonderungsrechts nach § 47 InsO, dass der Treuhänder im Vergleich zur früher bei MBS-Transaktionen praktizierten bedingten Übereignung der Vermögensgegenstände[400] nicht schlechter steht. Zwar gewährt das Refinanzierungsregister wegen § 22j Abs. 1 S. 3 KWG keinen Schutz vor weiteren Verfügungen des Refinanzierungsunternehmens über die im Refinanzierungsregister eingetragenen Vermögensgegenstände. Betrachtet man allerdings die bisher in Deutschland durch-

---

398 Siehe oben 1. Teil B IV 4 f.
399 Siehe zur Möglichkeit der Abtretung unten 2. Teil C I und II.
400 Offering Circular zur Transakion «Haus 2000-1» der Deutschen Bank, S. 42 f.

geführten MBS-Transaktionen, so gewährten auch diese keinen Schutz vor weiteren Verfügungen des Refinanzierungsunternehmens über die an die Zweckgesellschaft veräußerten Vermögensgegenstände. Bei diesen Transaktionen verblieben die veräußerten Vermögensgegenwerte ebenfalls beim Refinanzierungsunternehmen und dieses war nur aufgrund vertraglicher Absprachen verpflichtet, die Vermögensgegenstände zu verwalten und zu übertrragen.[401] Es konnte daher faktisch weiterhin uneingeschränkt über diese verfügen.

Die vorstehenden Ausführungen sind für ABS-Transaktionen, die lediglich nicht grundpfandrechtlich gesicherte Forderungen zum Gegenstand haben, nur bedingt relevant. Sofern das Refinanzierungsregister bei solchen Transaktionen verwendet wird, die Forderungen also in dieses eingetragen werden, kommt es regelmäßig zusätzlich zu einer wirksamen Übertragung der Forderungen auf die Zweckgesellschaft. Denn hierfür bedarf es nur eines formfreien Abtretungsvertrags. Das Refinanzierungsunternehmen kann dann nur noch im Rahmen des gutgläubigen Erwerbs nach § 405 BGB über die Forderungen verfügen. Dessen Voraussetzungen werden jedoch üblicherweise nicht vorliegen.

2. Das Refinanzierungsunternehmen als Treuhänder

Es stellt sich zudem die Frage, ob der Treuhänder weiterhin eigenständig und unabhängig sein muss. Statt sich eines eigenständigen Treuhänders zu bedienen, käme in Betracht, dessen Aufgaben durch das Refinanzierungsunternehmen wahrnehmen zu lassen. Schließlich ist es noch Inhaberin der in das Refinanzierungsregister eingetragenen Vermögensgegenstände und übernimmt zusätzlich das Servicing für die Zweckgesellschaft. Im Sinne einer einheitlichen und kostengünstigen Abwicklung wäre es daher denkbar, dass die Funktionen des Treuhänders ebenfalls von dem Refinanzierungsunternehmen wahrgenommen werden. Dies könnte in Form der echten oder unechten, fremdnützigen Treuhand geschehen.

Ein solches Treuhandmodell ist jedoch aus mehreren Gesichtspunkten abzulehnen. Dies ergibt sich schon aus der Funktion des Treuhänders. Er soll den Zahlungsstrom verwalten und insbesondere im Sicherungsfall die Sicherheiten der Zweckgesellschaft im Interesse der Investoren bestmöglich verwerten. Im Fall der Insolvenz der Zweckgesellschaft oder des Refinanzierungsunternehmens kommt ihm daher besondere Bedeutung zu und es muss eine reibungslose Verwertung der Sicherheiten gewährleistet sein. Diese Voraussetzungen wären nicht gegeben, wenn die treuhänderischen Aufgaben durch das Refinanzierungsunter-

---

401 Offering Circular zur Transakion "Haus 2000-1" der Deutschen Bank, S. 66 f.

nehmen wahrgenommen würden. Ziel einer ABS-Transaktion ist es gerade, sich von den (Insolvenz-) Risiken des Refinanzierungsunternehmens und der Zweckgesellschaft zu lösen. So würden diese Risiken den Anleihen jedoch weiterhin anhaften, da im Fall der Insolvenz eine geeignete Infrastruktur, um die Sicherheiten zu verwalten und zu verwerten, nicht mehr garantiert ist.

Daneben kann es zu erheblichen Interessenkonflikten des Refinanzierungsunternehmens mit der Zweckgesellschaft und den Investoren kommen. Denn insbesondere in seiner Insolvenz ist dem Refinanzierungsunternehmen daran gelegen, die noch bei sich befindlichen Vermögensgegenstände zu verwerten. Dies betrifft also auch die an die Zweckgesellschaft verkauften und in das Refinanzierungsregister eingetragenen Vermögensgegenstände. Denn diese wurden üblicherweise noch nicht an die Zweckgesellschaft übereignet. Es besteht daher die Gefahr, dass das Refinanzierungsunternehmen als Treuhänder nicht optimal im Interesse der Investoren handelt und möglicherweise zum Teil auf die Geltendmachung des Aussonderungsrechts aus § 22j KWG i. V. m. § 47 InsO verzichtet.

Darüber hinaus muss der Treuhänder nach dem Willen der Ratingagenturen die Aufgaben des Servicers zumindest zeitweise übernehmen können, wenn der ursprüngliche Servicer kündigt oder diesem gekündigt wird.[402] Da das Servicing üblicherweise von dem Refinanzierungsunternehmen übernommen wird, wären Treuhänder und Servicer jedoch personengleich. Eine Kündigung des Servicing-Vertrags hätte deshalb zur Folge, dass das Servicing weiterhin zumindest zeitweise von dem gekündigten Servicer, dem Refinanzierungsunternehmen, wahrgenommen werden würde. Dies hätte nicht nur zur Folge, dass die Kündigung des Servicing-Vertrags faktisch wirkungslos wäre. Auch wären die Vorgaben der Ratingagenturen für den Treuhänder nicht erfüllt.

3.   Ein verbundenes Unternehmen als Treuhänder

Treuhänder könnte auch mit dem Refinanzierungsunternehmen verbundenes Unternehmen sein. Dann würden aber ebenfalls die von den Ratingagenturen für den Treuhänder aufgestellten Voraussetzungen nicht erfüllt. Dies würde sich wiederum negativ auf das Rating der Anleihen auswirken.[403] In diesem Fall würde der Verkauf der Vermögensgegenstände an die Zweckgesellschaft möglicherweise nicht mehr als ein True-Sale angesehen weden, da das Refinanzie-

---

402 Standard and Poor's Reverse Mortgage Criteria Report, 2004, S. 84.
403 Standard and Poor's Reverse Mortgage Criteria Report, 2004, S. 84.

rungsunternehmen die Kontrolle über die Vermögensgegenstände niemals aus der Hand gegeben hat.

Die Folge wäre, dass der Verkauf der Vermögensgegenstände nicht bilanzwirksam ist. Das Refinanzierungsunternehmen müsste diese weiterhin über eine Konsolidierung des Treuhänders in der Bilanz führen (vgl. § 271 HGB). Für Kreditinstitute bedeutet das, dass sie die weiterhin in der Bilanz zu führenden Forderungen nach Maßgabe der Baseler Vereinbarungen zum Eigenkapital mit Eigenkapital unterlegen müssten.[404] Der Zweck einer ABS-Transaktion, diese Eigenkapitalunterlegung zu vermeiden, wäre damit vereitelt.

Daneben hätten die Gläubiger des Refinanzierungsunternehmens in dessen Insolvenz unter Umständen auch Zugriff auf die verkauften Vermögensgegenstände. Dies würde möglicherweise unabhängig von einer Geltendmachung des Aussonderungsrechts durch die Zweckgesellschaft bzw. durch den Treuhänder oder einer Übertragung der Vermögensgegenstände auf diese gelten, wenn die Gläubiger im Rahmen einer Konzerninsolvenz auch auf deren Vermögen zugreifen könnten.[405]

Der Treuhänder sollte daher auch zukünftig stets von der Zweckgesellschaft und dem Refinanzierungsunternehmen unabhängig sein.

III. Das Verhältnis des Treuhänders zum Sachwalter i. S. d. §§ 221 ff. KWG

1. Die Sachwaltung

Für den Fall der Insolvenz des Refinanzierungsunternehmens stellen die §§ 221 ff. KWG der Zweckgesellschaft das sog. Institut der Sachwaltung zur Verfügung.[406] Handelt es sich bei dem Refinanzierungsunternehmen um ein Kreditinstitut, kann es gem. § 22o KWG auch schon vor Eröffnung des Insolvenzverfah-

---

404 Siehe hierzu oben 1. Teil A VI; *Winkeljohann* Die Wirtschaftsprüfung 2003, 385 ff.

405 Momentan geht das deutsche Recht in der Insolvenz eines verbundenen Unternehmens noch von einer strikten Trennung der Haftungsmassen aus (*Jaffé* in Frankfurter Kommentar zur Insolvenzordnung, 3. Auflage, 2002, § 217 Rn. 164). Es findet daher grundsätzlich kein Durchgriff auf das Vermögen des verbundenen Unternehmens statt. *Uhlenbruck* will jedoch eine sog. konsolidierte Sanierung zulassen, wie sie beispielsweise in den USA seit langem anerkannt ist (*Uhlenbruck* in Kölner Schrift zur Insolvenzordnung, S. 1182). Dann würde auch ein verbundenes Unternehmen an dem Insolvenzverfahren mit dem eigenen Vermögen teilnehmen.

406 § 221 Abs. 1 KWG spricht insoweit zwar nur von „registerführenden Unternehmen, die ein Refinanzierungsregister nicht nur für Dritte führen". Hieraus ergibt sich jedoch, dass es sich um ein Refinanzierungsunternehmen handeln muss, da es nur in diesem Fall ein Register für sich selbst führen kann.

rens auf die Sachwaltung zurückgreifen, wenn Insolvenzgefahr besteht und die BaFin zur Vornahme der in § 46a KWG genannten Maßnahmen berechtigt ist.

Sachwaltung bedeutet, dass das Refinanzierungsregister und die darin eingetragenen Vermögensgegenstände durch einen Sachwalter geführt und verwaltet werden. In der Insolvenz des Refinanzierungsunternehmens werden gem. § 221 KWG durch das Insolvenzgericht auf Antrag der BaFin ein oder zwei von dieser vorgeschlagene Sachwalter bestellt. Jedoch nur, wenn dies nach Anhörung der Übertragungsberechtigten (vgl. § 25 Abs. 2 KWG) zur ordnungsgemäßen Verwaltung der im Refinanzierungsregister eingetragenen Gegenstände erforderlich erscheint. Bei der Beurteilung der Erforderlichkeit hat sich die BaFin „in besonderem Maße von den Interessen der Übertragungsberechtigten und deren Gläubigern leiten zu lassen."[407] Die Erforderlichkeit wird in der Regel dann nicht gegeben sein, wenn sich die Zweckgesellschaft zuvor um anderweitige Auffanglösungen bemüht hat und somit nicht auf den Sachwalter angewiesen ist.[408] Daneben nennt die Gesetzesbegründung für eine fehlende Erforderlichkeit den Fall, dass nur noch eine geringe Zahl von Gegenständen im Refinanzierungsregister eingetragen ist. Es wäre deshalb kostengünstiger, diese unmittelbar auszusondern, ohne einen Sachwalter zu bestellen.[409]

Der Sachwalter wird in der Regel der bisherige Verwalter des Refinanzierungsregisters sein. Gem. § 221 Abs. 2 S. 2 KWG *soll* die BaFin diesen als Sachwalter vorschlagen, da er bereits bestens mit dem Refinanzierungsregister vertraut ist. Er kann seine Tätigkeit als Sachwalter deshalb ohne Einarbeitungsprozess unmittelbar aufnehmen.[410]

Die Sachwaltung umfasst die oben genannten Aufgaben. So übernimmt der Sachwalter gem. § 221 Abs. 2 KWG die Verwaltung der in das Refinanzierungsregister eingetragenen Gegenstände, sofern das Refinanzierungsunternehmen vor der Eröffnung des Insolvenzverfahrens befugt war, diese zu verwalten und über sie zu verfügen. Unter Verwaltung ist dabei nicht nur das sog. Servicing, also das Management und die Einziehung der im Refinanzierungsregister eingetragenen Forderungen, zu verstehen. Der Sachwalter verwertet auch die eingetragenen Sicherheiten.[411] Daneben geht von dem Refinanzierungsunternehmen

---

407 Gesetzesbegründung zu § 221 KWG, S. 25.
408 *Tollmann* ZHR 169 (2005), 594, 613.
409 Gesetzesbegründung zu § 221 KWG, S. 25.
410 Gesetzesbegründung zu § 221 KWG, S. 25.
411 *Tollmann* ZHR 169 (2005), 594, 613.

die Führung des Refinanzierungsregisters auf den Sachwalter über.[412] Schließlich übernimmt der Sachwalter gem. § 22n Abs. 1 S. 3 KWG sämtliche Pflichten des Verwalters nach § 22g KWG. Zudem überwacht er, ob das Refinanzierungsregister ordnungsgemäß geführt wird.

Der Sachwalter übernimmt damit Aufgaben, für deren Erfüllung die Zweckgesellschaft üblicherweise spezielle und kostenträchtige Auffanglösungen bereithalten muss. Dies ist zum einen der Abschluss eines Geschäftsbesorgungsvertrags mit einem sog. Back-up-Servicer. Diesem wird für den Fall der Insolvenz oder der Insolvenzgefahr das gesamte Servicing übertragen.[413] Zum anderen wurde bisher mangels personeller Kapazitäten der Zweckgesellschaft die Verwertung der Sicherheiten dem Treuhänder übertragen.[414]

2. Das Verhältnis des Treuhänders zum Sachwalter

Es stellt sich daher die Frage, inwieweit das Institut der Sachwaltung den Treuhänder ersetzen kann. So bietet gerade die Verwertung der Sicherheiten durch den Sachwalter den Vorteil, dass diese nicht erst umständlich und kostenträchtig auf den Treuhänder übertragen oder von diesem bei dem Insolvenzverwalter ausgesondert werden müssen. Der Sachwalter kann im Verwertungsfall direkt die Zwangsvollstreckung in das Grundstück betreiben, da das Refinanzierungsunternehmen bei Grundpfandrechten in der Regel weiterhin im Grundbuch eingetragen ist. Eine vorherige Umschreibung im Grundbuch wäre nicht erforderlich.

Trotz dieser umfangreichen Kompetenz des Sachwalters ist es allerdings auch weiterhin notwendig, einen Treuhänder zu bestellen. Und dies nicht nur aufgrund der Ratingagenturen, die fordern, dass ein Treuhänder eingeschaltet wird. Denn daneben verbleiben die weiteren, umfangreichen Tätigkeiten aus dem oben genannten Aufgabenkatalog des Treuhänders[415]. Hierzu zählen insbesondere auch das Zahlungsstrommanagement und die Weiterleitung der Zahlungen an die Investoren. Darüber hinaus ist die unterschiedliche Zwecksetzung des Treuhänders auf der einen und die des Sachwalters auf der anderen Seite zu beachten. Der Treuhänder nimmt die ihm übertragenen Aufgaben und Rechte vorwie-

---

412 *Tollmann* ZHR 169 (2005), 594, 613; Dies ergibt sich zwar nicht unmittelbar aus dem Gesetzestext, jedoch aus dem Sachzusammenhang, da es einem insolventen Refinanzierungsunternehmen üblicherweise nicht mehr möglich ist, das Refinanzierungsregister zu führen.
413 *Tollmann* ZHR 169 (2005), 594, 612.
414 *Tollmann* ZHR 169 (2005), 594, 612.
415 Siehe oben 1. Teil A III 3.

gend zu Gunsten der Investoren wahr.[416] Der Sachwalter agiert hingegen lediglich zu Gunsten der Zweckgesellschaft und daher regelmäßig nur mittelbar und faktisch zu Gunsten der Investoren.

Des Weiteren ist fraglich, ob der Sachwalter eine dauerhafte Alternative zu den bisher bereitgestellten Auffanglösungen, dem Back-up-Servicer und dem Treuhänder, darstellen kann. Dies wäre möglich, wenn die für die Abwicklung der ABS-Transaktion erforderliche Infrastruktur bei dem insolventen Refinanzierungsunternehmen zur Verfügung stehen würde, bis alle Forderungen eingezogen und alle Sicherheiten verwertet sind. Häufig werden die Unternehmen im Insolvenzverfahren jedoch zerschlagen, so dass diese Voraussetzungen nicht mehr gegeben sind. Es dürfte sich daher bei der Sachwaltung eher um eine Übergangslösung handeln. Sie dürfte insbesondere dazu führen, dass die Auffanglösungen nicht in jedem Fall schon von Beginn der Transaktion an vorgehalten werden müssen. Somit können diese Bereitstellungskosten eingespart werden. Zudem wird der Zweckgesellschaft zusätzliche Zeit eingeräumt, um die Auffanglösungen bereitzustellen.[417]

C. Das Aussonderungsrecht des Treuhänders im Fall der echten Treuhand

Im Fall der echten Treuhand werden die als Sicherheit dienenden Vermögensgegenstände der Zweckgesellschaft wirksam auf den Treuhänder übertragen. In der Insolvenz des Refinanzierungsunternehmens kann er diese Sicherheiten daher aus eigenem Recht und im eigenen Namen zugunsten der Investoren und der Zweckgesellschaft verwerten.

I. Die Möglichkeit der Abtretung des Übertragungsanspruchs

Zunächst stellt das Gesetz in § 22j Abs. 1 S. 3, Abs. 2 S. 2 KWG klar, dass auch nach der Eintragung eines Gegenstandes in das Refinanzierungsregister weiterhin' uneingeschränkt über diesen Gegenstand verfügt werden kann. Dies gilt sowohl für das Refinanzierungsunternehmen als für den Übertragungsberechtigten, sofern dieser den Gegenstand ausgesondert hat oder er bereits an ihn übertragen wurde. Denn allein die Eintragung ruft noch keine Änderung der sachenrechtlichen Zuordnung des eingetragenen Gegenstandes hervor und statuiert zudem kein Veräußerungshindernis.[418]

---

416 Siehe oben 1. Teil A III 3.
417 *Tollmann* ZHR 169 (2005), 594, 614.
418 Gesetzesbegründung zu § 22j, S. 23.

Hinsichtlich der Abtretbarkeit des Übertragungsanspruchs von dem Übertragungsberechtigten an einen Dritten findet sich in den §§ 22a - o KWG dagegen keine Regelung.

Schmalenbach/Sester gehen davon aus, dass diese Möglichkeit in § 22j Abs. 2 S. 2 KWG „allenfalls angedeutet" wird. Genau genommen werde dort aber nur von der Übertragung des in das Refinanzierungsregister eingetragenen Gegenstandes gesprochen. Gerade wegen letzterem ist aber davon auszugehen, dass die Übertragbarkeit des Übertragungsanspruchs in § 22j Abs. 2 S. 2 KWG nicht einmal angedeutet wird. Vielmehr wird dort ausschließlich der Fall behandelt, bei dem die eingetragenen Vermögensgegenstände entweder bereits ausgesondert oder an den Übertragungsberechtigten oder von dem Übertragungsberechtigten an einen Dritten übertragen wurden. Das Schicksal des Übertragungsanspruchs wird in § 22j Abs. 2 KWG nicht geregelt.

Dennoch ist auch nach einer Eintragung der Vermögensgegenstände in das Refinanzierungsregister davon auszugehen, dass der Übertragungsanspruch abgetreten werden kann.[419] Denn die Eintragung bindet den Übertragungsanspruch nicht an den Übertragungsberechtigten. Sie führt insbesondere nicht zu einem Abtretungsverbot. Zwar entfaltet sie Rechtswirkungen sowohl in Bezug auf die eingetragenen Vermögensgegenstände (vgl. § 22j Abs. 1, 2 KWG) als auch in Bezug auf die Übertragungsansprüche hinsichtlich dieser Vermögensgegenstände (vgl. § 22j Abs. 3 KWG: Verbot der Geltendmachung von Anfechtungs- und Zurückbehaltungsrechten durch das Refinanzierungsunternehmen). Jedoch kann sie die Verfügungsbefugnis über den Übertragungsanspruch nicht beeinträchtigen. Dies folgt nicht zuletzt aus dem Sinn und Zweck der Regelung. Danach soll sie vorwiegend ABS ermöglichen.[420] Diesem Zweck würde die Regelung nicht gerecht, wenn die Übertragungsansprüche nicht abgetreten werden könnten. Zum einen sind viele ABS-Transaktionen als sog. Multi-Seller-Conduits ausgestaltet. Sie setzen daher die Handelbarkeit der Vermögensgegenstände – also auch der Übertragungsansprüche – der Zweckgesellschaft voraus. Zum anderen stellen die Übertragungsansprüche bei einer ABS-Transaktion, die mit Hilfe des Refinanzierungsregisters durchgeführt wird, unter Umständen die einzigen Vermögensgegenstände der Zweckgesellschaft dar. Könnten diese nicht übertragen werden, wären viele Transaktionen nur eingeschränkt möglich, da sie die Einbeziehung eines Treuhänders in der Form der echten, fremdnützigen Treuhand vorsehen.

---

419 So auch *Schmalenbach/Sester* WM 2005, 2026, 2031; *Tollmann* WM 2005, 2017, 2020; *Fleckner* WM 2004, 2051, 2060.
420 Gesetzesbegründung Allgemeiner Teil, S. 15 f.

II. Der Übergang der Registerposition

Hiervon zu trennen ist die Frage, was im Falle der Abtretung des Übertragungs-anspruchs an einen Dritten mit der Registerposition[421] geschieht bzw. ob und gegebenenfalls wie diese auf einen Dritten übertragen werden kann. Die Regis-terposition ist dabei die aus der Eintragung erlangte Rechtsposition des Übertra-gungsberechtigten. Auch hierzu enthalten die §§ 22a-o KWG keine ausdrückli-che Regelung.

Zur Beantwortung dieser Frage soll zunächst das Wesen der Registerposition näher bestimmt werden, um danach einen geeigneten rechtlichen Weg für deren Übertragung festzulegen.

1. Das Wesen der Registerposition

Das Wesen der Registerposition wird bestimmt durch die Regelung des § 22j KWG. Danach erhält der Übertragungsberechtigte für die Gegenstände, die ord-nungsgemäß im Refinanzierungsregister eingetragen sind, ein Aussonderungs-recht nach § 47 InsO. Die Eintragung im Refinanzierungsregister verleiht dem Übertragungsberechtigten daher in gewisser Weise eine dingliche Rechtsstel-lung, um den Übertragungsanspruch zu sichern. Diese unterliegt aber noch er-heblichen Einschränkungen. So können Dritte gem. § 22j Abs. 2 KWG dem Ü-bertragungsberechtigten auch nach der Eintragung der Vermögensgegenstände im Refinanzierungsregister ihre Einreden und Einwendungen hinsichtlich der eingetragenen Rechte und Forderungen entgegenhalten. Das gleiche gilt, wenn die Vermögensgegenstände an einen Dritten weiter übertragen werden. Eine Anwendung des § 1156 BGB ist gem. § 22j Abs. 2 S. 3 KWG ausgeschlossen. Die Registerposition ähnelt daher dem Wesen nach in weiten Teilen dem des Refinanzierungsregisters selbst, da sein Wesen gleichermaßen durch die Eintra-gung bestimmt wird wie das der Registerposition. Das diesbezüglich zum Refi-nanzierungsregister Gesagte gilt daher entsprechend, soweit es sich auf die Wir-kungen der Eintragung bezieht.[422]

Daneben ist die Registerposition dem Wesen eines Nebenrechts im Sinne des § 401 Abs. 1 BGB vergleichbar. Solche Nebenrechte sind die in § 401 Abs. 1 BGB genannten Rechte sowie alle akzessorischen (Sicherungs-) Rechte, also diejenigen (Sicherungs-) Rechte, die ohne die Hauptforderung nicht bestehen

---

421 Zur Definition der Registerposition 1. Teil A III 3.
422 Siehe oben 2. Teil A I 2.

können.[423] Ebenso verhält es sich mit der Registerposition. Zum einen dient sie der Sicherung des Anspruchs auf Übertragung der in das Refinanzierungsregister eingetragenen Vermögensgegenstände. Denn sie vemittelt dem Übertragungsberechtigten ein Aussonderungsrecht nach § 47 InsO. Zum anderen ist sie akzessorisch zu dem Übertragungsanspruch. Die Registerposition kann ohne den Übertragungsanspruch bzw. bei dessen Wegfall formal zwar weiterhin bestehen. Die Eintragung ist in diesem Fall jedoch unrichtig und somit gem. § 22d Abs. 3 KWG nicht ordnungsgemäß.[424] Eine nicht ordnungsgemäße Eintragung kann keine Rechtswirkungen auslösen. Die Registerposition besteht somit mangels Aussonderungsrecht nach § 47 InsO in materieller Hinsicht nicht.[425] Sie entfaltet daher nur Rechtswirkungen, wenn ihr Inhaber auch Inhaber des ihr zugrunde liegenden Übertragungsanspruchs ist.

2. Kein Übergang als Vorzugsrecht i. S. d. § 401 Abs. 2 BGB

Die Registerposition geht nicht nach § 401 Abs. 2 BGB als Vorzugsrecht über; auch nicht in analoger Anwendung des § 401 Abs. 2 BGB.

Als Vorzugsrechte im Sinne des § 401 Abs. 2 BGB gelten solche Rechte, die eine bevorzugte Befriedigung aus einem Gegenstand gewähren, obwohl dieser haftungsrechtlich der Insolvenzmasse zugeordnet wird.[426] Dies sind beispielsweise die sich aus den §§ 49 bis 51 InsO ergebenden Absonderungsrechte.[427] Ergibt sich bei einer Verwertung des Gegenstandes ein Mehrerlös, so steht dieser der Insolvenzmasse und nicht dem Gläubiger zu. Nicht hierzu gehört daher das Aussonderungsrecht gem. § 47 InsO. Dieses trennt einen Gegenstand haftungsrechtlich von der Insolvenzmasse. Der betreffende Gegenstand steht somit

---

423 *Mugdan*, Materialien, Band II, S. 574: In den Motiven wird empfohlen, nicht von den „mit der Forderung verbundenen, zur Verstärkung derselben dienenden Nebenrechten zu sprechen, sondern nur die hauptsächlichsten Nebenrechte dieser Art (Bürgschaft und Pfandrecht) zu erwähnen, wodurch das Gesetz an Verständlichkeit gewinne... Die konkretere Formulierung schließe selbstverständlich die Anwendung der Bestimmung auf andere Nebenrechte im Wege der Analogie nicht aus." Daraus wird deutlich, dass vor allem der „Verstärkung" dienende Rechte, mithin Sicherungsrechte, Nebenrechte darstellen sollen.

424 Gesetzesbegründung zu § 22d, S. 20: Der Gesetzgeber nennt hier als Beispiele für die Unrichtigkeit zwar nur die Nichtexistenz der eingetragenen Forderung oder Sicherheit. Das gleiche gilt aber, wenn der Übertragungsanspruch nicht existiert mit Ausnahme für den Fall, dass die Forderung oder Sicherheit bereits übertragen wurde (Gesetzesbegründung zu § 22a, S. 18).

425 Gesetzesbegründung zu § 22d, S. 20.

426 *Ganter* in Münchener Kommentar, InsO, vor §§ 49-52, Rn. 3.

427 *Roth* in Münchener Kommentar, BGB, § 401 Rn. 16.

dem Aussonderungsberechtigten „der Substanz nach"[428] zu. Letzteres wird dem Übertragungsberechtigten durch die Registerposition vermittelt. Diese steht somit de lege lata einem Aussonderungsrecht wesentlich näher als einem Absonderungsrecht. Eine Anwendung des § 401 Abs. 2 BGB auf die Registerposition, auch in analoger Weise, kommt daher nicht in Betracht.

3.   Keine eigenständige Übertragung

Die Registerposition kann auch nicht eigenständig übertragen werden. Zwar erscheint eine eigenständige Übertragbarkeit der Registerposition möglich. Diese muss nicht zwingend untergehen, wenn sie eigenständig und ohne den ihr zugrunde liegenden Übertragungsanspruch an einen Dritten übertragen wird. Immerhin besteht weiterhin ein Übertragungsanspruch und die §§ 22a-o KWG enthalten auch keine mit § 1153 Abs. 2 BGB vergleichbare Regelung. Als Übertragungstatbestand käme etwa eine analoge Anwendung des § 398 BGB in Betracht. Ein materiell-rechtlicher Untergang der Registerposition ist nämlich gem. § 22d Abs. 2, 3 i. V. m. § 22j Abs. 1 KWG nur für den Fall ausdrücklich geregelt, dass der Übertragungsanspruch gar nicht existiert, da in diesem Fall keine ordnungsgemäße Eintragung vorliegen würde.

Dennoch kann die Registerposition nicht selbständig übertragen werden, da sie als selbständiges Recht ebenfalls keinen rechtlichen Inhalt aufweisen würde. Sie könnte somit materiell-rechtlich nicht bestehen.[429] Die Registerposition kann gem. § 22j Abs. 1 KWG nur vom Übertragungsberechtigten geltend gemacht werden. Als solcher gilt gem. § 22d Abs. 2 Ziff. 1 KWG derjenige, der einen Anspruch auf Übertragung der im Refinanzierungsregister eingetragenen Forderungen und Sicherheiten hat und zudem als Übertragungsberechtigter eingetragen ist. Dies wäre jedoch nicht derjenige, der lediglich die Registerposition innehat, so dass dieser das Aussonderungsrecht gem. § 22j Abs. 1 KWG i. V. m. § 47 InsO nicht geltend machen kann. Darüber hinaus würde eine eigenständige Handelbarkeit der Registerposition dem Erwerber wenig nützen, da die Kontrolle über deren materiell-rechtliche Existenz stets bei dem Veräußerer bzw. bei dem Inhaber des Übertragungsanspruchs verbleiben würde. Er kann darüber entscheiden, ob der Übertragungsanspruch und damit auch die Registerposition untergeht (vgl. § 22d Abs. 3 i. V. m. § 22j Abs. 1 KWG).[430]

---

428 *Ganter* in Münchener Kommentar, InsO, vor §§ 49-52, Rn. 3.
429 Siehe oben 2. Teil C II 1.
430 Gesetzesbegründung zu § 22d, S. 20.

4. Der Übergang der Registerposition analog § 401 Abs. 1 BGB

In Betracht kommt schließlich noch ein Übergang der Registerposition analog § 401 Abs. 1 BGB.

a) Meinungsstand

Schmalenbach/Sester vertreten die Ansicht, dass die Registerposition bei einer Abtretung des Übertragungsanspruchs analog § 401 Abs. 1 BGB auf den Zessionar übergeht.[431] Hierfür spreche, „dass diese Norm auf zahlreiche andere unselbständige Sicherungsrechte[432] und insbesondere auf die Vormerkung[433] entsprechend angewandt" werde. Auch die Registerposition habe den Charakter eines unselbständigen Sicherungsrechts. Darüber hinaus habe die Vormerkung im Rahmen der Konzeption des Refinanzierungsregisters als Referenzmodell gedient.[434] Zudem ähnele insbesondere im Fall der Insolvenz des Refinanzierungsunternehmens die Rechtsstellung des Übertragungsberechtigten der des Vormerkungsberechtigten.[435]

Tollmann scheint ebenfalls davon auszugehen, dass die Registerposition bei einer Abtretung des Übertragungsanspruchs automatisch auf den Erwerber übergeht.[436] Jedoch legt er sich nicht auf eine analoge Anwendung des § 401 Abs. 1 BGB fest. Vielmehr stellt er lediglich für den Fall der Übertragung von im Refinanzierungsregister eingetragenen Vermögensgegenständen fest, dass auch das Gesetz in § 22j Abs. 2 S. 2 KWG von dem Übergang der Registerposition auf den Erwerber ausgeht.[437] Er vertritt die Ansicht, dass sich der Dritte in der Insolvenz des Refinanzierungsunternehmens auf das von der Zweckgesellschaft abgeleitete Aussonderungsrecht berufen kann.

Die Ausführungen *Tollmanns* sind jedoch ungenau. So spricht er einerseits davon, dass die im Refinanzierungsregister eingetragenen Vermögensgegenstände von dem Übertragungsberechtigten auf einen Dritten übertragen werden können. Dabei soll die Registerposition automatisch auf den Dritten übergehen. Zur Begründung führt er § 22j Abs. 2 S. 2 KWG an. Andererseits nennt er als Beispiel für die eingetragenen Vermögensgegenstände „einen Anspruch (der Zweckge-

---

431 *Schmalenbach/Sester* WM 2005, 2026, 2031.
432 *Mugdan*, Materialien, Band II, S. 574.
433 BGHZ 25, 16, 23 ; BGH NJW 1994, 2947, 2948.
434 *Schmalenbach/Sester* WM 2005, 2026, 2033; Gesetzesbegründung zu § 22a, S. 18.
435 *Schmalenbach/Sester* WM 2005, 2026, 2031.
436 *Tollmann* WM 2005, 2017, 2020.
437 *Tollmann* WM 2005, 2017, 2020 Fn. 51.

sellschaft) auf Übertragung einer Buchgrundschuld".[438] Der Fall der Abtretung des Übertragungsanspruchs der Zweckgesellschaft an einen Dritten wird von § 22j Abs. 2 S. 2 KWG jedoch genau genommen nicht umfasst. Ein Übertragungsansprch kann zwar in das Refinanzierungsregister eingetragen werden,[439] er stellt jedoch keinen „eingetragenen Gegenstand" im Sinne des § 22j Abs. 2 S. 2 KWG dar. § 22j Abs. 2 S. 2 KWG ist daher insoweit nicht anwendbar. Die Eintragung dieses Anspruchs ist nur deklaratorischer Natur; sie entfaltet somit keinerlei Rechtswirkungen, denn ein Anspruch der Zweckgesellschaft gegen das Refinanzierungsunternehmen kann von der Zweckgesellschaft nicht ausgesondert werden. Insofern macht *Tollmann* bei seinen Ausführungen keinerlei Aussage zu der Frage, was mit der Registerposition im Falle der Abtretung des Übertragungsanspruchs der Zweckgesellschaft an einen Dritten passiert. Denn diesen Fall regelt § 22j Abs. 2 S. 2 KWG nicht. Dennoch erscheint die Ansicht *Tollmanns* richtig, wenn auch nicht zwingend, dass § 22j Abs. 2 S. 2 KWG implizit von einem automatischen Übergang der Registerposition auf den Erwerber der eingetragenen Vermögensgegenstände ausgeht.[440]

b)   Stellungnahme

Wie so häufig bei neuen Gesetzen weisen diese Lücken auf und es finden sich für verschiedene Themenkomplexe keine Regelungen. Dies muss nicht immer ein Versehen sein, sondern kann beispielsweise auch darauf hindeuten, dass der Gesetzgeber eine Anwendung der allgemeinen Regelungen bezweckt hat. Werden im Gesetzgebungsverfahren dann aber auch die allgemeinen Regelungen nicht geändert, so muss das Gesetz in der Regel umfangreich ausgelegt und ein Vergleich mit anderen Regelungen angestellt werden. Dabei kann man schließlich etwa zu einer analogen Anwendung einer allgemeinen Norm – beispielsweise aus dem BGB – gelangen.

---

438 *Tollmann* WM 2005, 2017, 2020.
439 So die Gesetzesbegründung zu § 22a, S. 18. Dies steht allerdings im Widerspruch zum Gesetzestext, wonach lediglich die in § 22a KWG genannten Rechte eingetragen werden können, auf deren Übertragung die Zweckgesellschaft eine Anspruch hat. Es muss sich insoweit um ein redaktionelles Versehen handeln, da die Eintragung des Übertragungsanspruchs selbst keinerlei rechtliche Wirkungen hervorrufen kann.
440 § 22j Abs. 2 S. 2 KWG sorgt allerdings lediglich für den Erhalt der Einreden und Einwendungen des Schuldners der eingetragenen Vermögensgegenstände nach deren Aussonderung oder Übertragung und dient somit dem Schuldnerschutz. Dieser wird durch § 22j Abs. 2 S. 3 KWG, der die Anwendung des § 1156 BGB ausschließt, noch verstärkt. Zudem wird eine Geltendmachung der Registerposition nach der Aussonderung oder Übertragung der eingetragenen Vermögensgegenstände in der Regel nicht mehr notwendig sein, so dass es regelmäßig keines Übergangs der Registerposition bedarf.

Dies gilt auch für den Übergang der Registerposition. Weder die §§ 22a-o KWG noch allgemeine Regelungen wie die des BGB enthalten eine ausdrückliche Regelung hierzu. Auch eine historische Auslegung gelangt zu keinem (anderen) Ergebnis, denn der Gesetzgeber hat sich bei seinen Beratungen und in seiner Gesetzesbegründung offensichtlich nicht mit diesem Thema auseinandergesetzt. Allenfalls aus § 22j Abs. 2 S. 2 KWG ließe sich ein systematisches Argument für die Art des Übergangs der Registerposition gewinnen. Das Gesetz geht dort anscheinend implizit von einem automatischen Übergang der Registerposition bei einer Übertragung der im Refinanzierungsregister eingetragenen Vermögensgegenstände aus.[441] Ob hiermit die Regelung des § 401 Abs. 1 BGB gemeint sein soll, bleibt letztlich aber offen. Zudem umfasst § 22j Abs. 2 S. 2 KWG bekanntermaßen nicht den Fall, dass der Übertragungsanspruch abgetreten wird. Nur die Übertragung der im Refinanzierungsregister eingetragenen Vermögensgegenstände wird hiervon umfasst, was einen nicht unerheblichen Unterschied darstellt. Das wenige, was sich aus dem bisher erwähnten Material wohl entnehmen lässt, ist daher, dass der Gesetzgeber diese Materie – die Übertragung – für den speziellen Fall der Registerposition nicht eigens regeln wollte. Es scheint vielmehr in seinem Sinne zu sein, dass die Registerposition nach allgemeinen Regeln übergehen soll.

Als allgemeiner Übergangstatbestand kommt dabei einzig eine analoge Anwendung des § 401 Abs. 1 BGB in Betracht. Hierfür spricht schon die oben dargelegte Vergleichbarkeit der Registerposition mit einem Nebenrecht im Sinne des § 401 Abs. 1 BGB. Denn auch die Registerposition kann als ein unselbständiges Sicherungsrecht[442] angesehen werden, das der „Verstärkung"[443] des Anspruchs auf Übertragung der im Refinanzierungsregister eingetragenen Vermögensgegenstände dient.

Zudem können die von *Schmalenbach/Sester* vorgebrachten Argumente überzeugen. Nach allgemeiner Ansicht wird § 401 Abs. 1 BGB auf zahlreiche andere unselbständige Sicherungsrechte analog angewendet.[444] Dies sind neben der Vormerkung[445] etwa die Schuldmitübernahme[446] oder der Anspruch des Bauhandwerkers auf Bestellung einer Sicherungshypothek gem. § 648 BGB[447]. Insbesondere aber die Nähe der Registerposition zur Vormerkung, die dadurch zum Ausdruck kommt, dass sie dem Gesetzgeber bei der Realisierung des Refinan-

---

441 So auch *Tollmann* WM 2005, 2017, 2020 Fn. 51.
442 *Schmalenbach/Sester* WM 2005, 2026, 2031.
443 *Mugdan*, Materialien, Band II, S. 574
444 *Mugdan*, Materialien, Band II, S. 574
445 BGHZ 25, 16, 23; OLG Frankfurt Rpfleger 1975, 177.
446 BGH NJW 1972, 437, 439; ZIP 2000, 228.
447 RGZ 126, 383, 384.

zierungsregisters als Leitbild diente,[448] ist ein wesentliches Indiz für die analoge Anwendbarkeit des § 401 Abs. 1 BGB.

Dies umso mehr, als dass bei den Beratungen des Gesetzgebers zu § 401 Abs. 1 BGB für dessen analoge Anwendbarkeit speziell an die Vormerkung gedacht wurde.[449] Zwar hatte der Gesetzgeber befürchtet, dass der Begriff der Nebenrechte in § 401 Abs. 1 BGB sachlich zu weit ausgreifen könne, weshalb er letztlich auf die dortige Aufzählung von Rechten zurückgegriffen hat.[450] Diese Befürchtung steht einer analogen Anwendbarkeit des § 401 Abs. 1 BGB auf die Registerposition dennoch nicht entgegen. Das in den Motiven zum BGB angeführte Zurückbehaltungsrecht nach dem HGB (vgl. § 369 HGB), das kein Nebenrecht im Sinne des § 401 Abs. 1 BGB sein soll, weist nur insoweit eine Ähnlichkeit zur Registerposition auf, als es nicht selbständig abtretbar ist.[451] Vielmehr bedeutet die Vergleichbarkeit der Registerposition mit der Vormerkung, dass eine Anwendbarkeit auf § 401 Abs. 1 BGB ganz im Sinne des Gesetzgebers ist.

Es ist daher von einer analogen Anwendbarkeit des § 401 Abs. 1 BGB auf die Registerposition auszugehen.

III. Das Problem der Begrenzung der in das Refinanzierungsregister eintragungsfähigen Personen

Handelt es sich bei der Registerposition um ein Nebenrecht im Sinne des § 401 Abs. 1 BGB, bedeutet dies nicht, dass die Registerposition in jedem Fall bei einer Abtretung des Übertragungsanspruchs analog § 401 Abs. 1 BGB auf den Erwerber übergeht. Vielmehr wird der Übergang der Registerposition durch die §§ 22a-o KWG begrenzt.

1. Die gesetzliche Regelung in den §§ 22 a, d Abs. 2 Ziff. 1 KWG

Den materiell-rechtlichen Inhalt der Registerposition regelt § 22j KWG. Danach kann nur der „Übertragungsberechtigte" die im Refinanzierungsregister eingetragenen Vermögensgegen-stände gem. § 47 InsO aussondern. Übertragungsberechtigter ist nach § 22d Abs. 2 Ziff. 1 KWG die im Register als übertragungsberechtigt eingetragene Zweckgesellschaft, der Refinanzierungsmittler oder die

---

448 *Schmalenbach/Sester* WM 2005, 2026, 2031; *Tollmann* WM 2005, 2017, 2025; Siehe auch oben 2. Teil A I 3.
449 *Mugdan*, Materialien, Band II, S. 574.
450 *Mugdan*, Materialien, Band II, S. 574.
451 *Mugdan*, Materialien, Band II, S. 574.

Pfandbriefbank. Andere als die in § 22d Abs. 2 Ziff. 1 KWG genannten Personen können daher nicht als Übertragungsberechtigte im Sinne der §§ 22a-o KWG angesehen werden. Dieses Ergebnis wird unterstützt durch § 22a Abs. 1 KWG, der ebenfalls nur von den genannten Personen spricht. Entgegen der Ansicht von *Tollmann*[452] und *Schmalenbach/Sester*[453] bedeutet dies allerdings nicht, dass andere Personen nicht in das Refinanzierungsregister eingetragen werden können. § 22d Abs. 2 KWG bestimmt nur, welche Eintragungen mindestens vorzunehmen sind, damit eine ordnungsgemäße Eintragung vorliegt. Die Norm enthält jedoch keine abschließende Regelung in Bezug auf die eintragungsfähigen Angaben. Andernfalls hätte sie beispielsweise „... sind ausschließlich ... einzutragen" oder „... dürfen nur ... eingetragen werden" lauten müssen. Jedoch bedeutet diese Regelung in Verbindung mit § 22j Abs. 1 KWG, dass einzig diese Personen Inhaber der Registerposition sein können. Eine Eintragung anderer Personen in das Refinanzierungsregister entfaltet für diese keine Rechtswirkungen. Insofern kann nur im Sinne der Übersichtlichkeit des Refinanzierungsregisters gefordert werden, weitere neben den im Gesetz genannten Personen nicht einzutragen.

Dieser Auslegung des § 22j Abs. 1 Satz 1 KWG steht auch nicht § 22j Abs. 2 S. 2 KWG entgegen. Danach können von den Schuldnern nach einer Übertragung der ordnungsgemäß im Refinanzierungsregister eingetragenen Gegenstände von dem Übertragungsberechtigten an einen Dritten alle Einwendungen und Einreden wie bei einer Abtretung geltend gemacht werden können. Der Dritte wird insoweit Inhaber der Registerposition. Der Nennung des „Dritten" kommt in diesem Zusammenhang lediglich Unterscheidungsfunktion zu. Sie sollte nichts an der Regelung des § 22j Abs. 1 KWG ändern, wonach nur ein Übertragungsberechtigter im Sinne des § 22d Abs. 2 Ziff. 1 KWG die im Register eingetragenen Vermögensgegenstände aussondern darf.[454]

2.   Die Auswirkungen des § 401 Abs. 1 BGB

Nebenrechte können nach § 401 Abs. 1 BGB nur übergehen, wenn diese nach einer Forderungsabtretung weiterhin bestehen würden. Die Voraussetzungen hierfür liegen insbesondere dann nicht vor, wenn der Erwerber die persönlichen

---

452 *Tollmann* WM 2005, 2017, 2020 Fn. 51.
453 *Schmalenbach/Sester* WM 2005, 2025, 2031.
454 Darüber hinaus ist die Ansicht vertretbar, dass § 22j Abs. 2 S. 2 KWG nicht implizit von einem Übergang der Registerposition ausgeht (vgl. oben 2. Teil C II 4 b), so dass schon kein Konkurrenzverhältnis zu § 22j Abs. 1 bestünde.

Anforderungen nicht erfüllt, die das Nebenrecht an seinen Inhaber stellt.[455] Aus diesem Grunde ist die analoge Anwendung des § 401 Abs. 1 BGB auf die Registerposition durch § 22j Abs. 1 in Verbindung mit § 22d Abs. 2 Ziff. 1 KWG beschränkt.

Handelt es sich – wie oben ausgeführt – bei dem Erwerber des Übertragungsanspruchs nicht um eine Zweckgesellschaft, einen Refinanzierungsmittler oder eine Pfandbriefbank, kann dieser nicht als Übertragungsberechtigter in das Refinanzierungsregister eingetragen werden. Seine Eintragung bleibt vielmehr ohne Rechtswirkungen. In diesem Fall liegt keine ordnungsgemäße Eintragung mehr vor, da der im Refinanzierungsregister als übertragungsberechtigt Eingetragene keinen Anspruch mehr auf Übertragung der eingetragenen Vermögensgegenstände hat. Dies hat zur Folge, dass die Voraussetzungen des § 22j Abs. 1 KWG nicht (mehr) gegeben sind. Die Registerposition weist somit keinen materiellrechtlichen Inhalt mehr auf. Sie besteht mithin nicht mehr, da sie untergegangen ist. Ein Übergang der Registerposition analog § 401 Abs. 1 BGB auf den Erwerber des Übertragungsanspruchs findet nach dem eingangs Gesagten daher nur statt, wenn es sich bei diesem um eine der in § 22d Abs. 2 Ziff. 1 KWG genannten Personen handelt. In diesem Fall kann der Erwerber als Übertragungsberechtigter in das Refinanzierungsregister eingetragen werden und die Registerposition geltend machen.

Eine andere Ansicht vertritt in diesem Zusammenhang *Tollmann*, der – wie bereits erwähnt – davon ausgeht, dass nur Zweckgesellschaften, Refinanzierungsmittler und Pfandbriefbanken in das Refinanzierungsregister eingetragen werden können.[456] Dennoch soll sich im Fall der Abtretung des Übertragungsanspruchs der Erwerber, solange die Registereintragung zugunsten der Zweckgesellschaft fortbesteht, auf die Registerposition der Zweckgesellschaft berufen können, auch wenn er die Voraussetzungen für eine eigene Eintragung im Refinanzierungsregister nicht erfüllt.[457] *Tollmann* spricht in diesem Zusammenhang davon, dass die Zweckgesellschaft die „eingetragenen Vermögensgegenstände" auf den Erwerber überträgt.[458] Hiermit sind jedoch anscheinend wiederum nicht nur die Vermögensgegenstände selbst, sondern auch die Ansprüche auf Übertragung

---

455 Zur bedingten Anwendbarkeit des § 401 BGB: BGHZ 75, 24 für das Vorrecht nach § 69 i. V. m. § 34 AO; LG Trier NJW 1982, 286, 287; *Welter* in Münchener Kommentar, HGB, § 369 Rn. 78; *Canaris*, Handelsrecht, § 30 Rn. 33.
456 *Tollmann* WM 2005, 2017, 2020 Fn. 51.
457 *Tollmann* WM 2005, 2017, 2020.
458 *Tollmann* WM 2005, 2017, 2021 Fn. 58.

dieser Gegenstände gemeint.[459] Er übersieht dabei allerdings, dass die Eintragung der Zweckgesellschaft als Übertragungsberechtigte im Refinanzierungsregister unrichtig wird, wenn der Übertragungsanspruch abgetreten und der Erwerber nicht als neuer Übertragungsberechtigter eingetragen wird. Der Erwerber tritt daher nicht in die durch die Registereintragung begründete Rechtsposition der Zweckgesellschaft.[460] Denn diese besteht nicht nur auf Seiten des Erwerbers nicht, sondern wegen der Unrichtigkeit der Eintragung auch auf Seiten der Zweckgesellschaft nicht mehr (vgl. § 22d Abs. 2, 3 i. V. m. § 22j Abs. 1 KWG). Aus diesem Grunde kann sich der Erwerber auch nicht auf die Rechtsstellung der Zweckgesellschaft berufen. Er kann somit von der Zweckgesellschaft kein Aussonderungsrecht ableiten.[461]

3. Praktische Konsequenzen für den Treuhänder

Der Treuhänder einer ABS-Transaktion ist üblicherweise weder eine Zweckgesellschaft noch ein Refinanzierungsmittler – hierfür bedürfte er einer Banklizenz, da nur Kreditinstitute Refinanzierungsmittler sein können (vgl. § 1 Abs. 25 KWG) – noch eine Pfandbriefbank.[462] Bei einer Abtretung des Übertragungsanspruchs kann er daher regelmäßig nicht Inhaber der Registerposition werden. Insofern bedarf es anderer Wege, um den Treuhänder in ABS-Transaktionen, die sich des Refinanzierungsregisters bedienen, einzubeziehen.

IV. Die Bedeutung der Abtretung für das Rating der Anleihen

Bei der Wahl des Treuhandmodells müssen sich die Beteiligten einer ABS-Transaktion stets daran orientieren, wie sich das in Betracht gezogene Modell auf das Rating der Anleihen auswirkt. Die verschiedenen Treuhandmodelle sind aber auch mit unterschiedlich hohen Kosten verbunden. Es ist daher äußerst wichtig, das optimale Modell für die jeweilige Transaktion zu finden. Im Fol-

---

459 Vgl. *Tollmann* WM 2005, 2017, 2021 Fn. 58: *Tollmann* spricht in einem Atemzug von der Übertragung der im Refinanzierungsregister eingetragenen Vermögensgegenstände und von der Eintragung des Erwerbers als Übertragungsberechtigter. Die Eintragung als Übertragungsberechtigter kann jedoch nur erfolgen, wenn der Übertragungsanspruch abgetreten wird (mit Ausnahme der Möglichkeit einer nachträglichen Eintragung eines bereits übertragenen Vermögensgegenstandes). Andernfalls wären die Voraussetzungen des § 22d Abs. 2 Nr. 1 KWG nicht erfüllt. Zudem hat *Tollmann* den Übertragungsanspruch als Beispiel für einen eingetragenen Vermögensgegenstand genannt (*Tollmann* WM 2005, 2017).
460 A. A. *Tollmann* WM 2005, 2017, 2021 Fn. 58.
461 A. A. *Tollmann* WM 2005, 2017, 2020.
462 Siehe hierzu oben 1. Teil A III 3; *Schmalenbach/Sester* WM 2005, 2025, 2031.

genden sollen die Auswirkungen der behandelten Treuhandmodelle auf das Rating der Anleihen untersucht werden.

1. Die Bedeutung für das Rating bei Inhaberschaft der Registerposition

Erfüllt der Treuhänder die Voraussetzungen der §§ 22d Abs. 2 Ziff. 1, 22j Abs. 1 KWG und kann er somit Inhaber der Registerposition werden, wirkt sich seine Einbeziehung in die Transaktion nicht negativ auf das Rating der Anleihen aus. Dieser nimmt quasi die rechtliche Stellung der Zweckgesellschaft ein, da ihm sämtliche Vermögensgegenstände der Zweckgesellschaft übertragen werden. Da er als Übertragungsberechtigter eintragungsfähig ist, geht er aus dem Refinanzierungsregister als alleiniger Berechtigter hervor. Er kann daher die eingetragenen Vermögensgegenstände bei dem Refinanzierungsunternehmen aussondern und seine Verwaltungsaufgaben lediglich beschränkt durch den Treuhandvertrag umfassend wahrnehmen. Die oben[463] beschriebenen Probleme bezüglich des Aussonderungsrechts nach § 22j Abs. 1 KWG i. V. m. § 47 InsO bestehen somit nicht. Darüber hinaus werden neben der Zweckgesellschaft auch die Investoren vor einer Insolvenz des Treuhänders geschützt. Denn die Zweckgesellschaft kann in dessen Insolvenz die übertragenen Vermögensgegenstände aussondern, da das Unmittelbarkeitsprinzip bei der Übertragung dieser Gegenstände auf den Treuhänder gewahrt wurde.

In diesem Zusammenhang stellt sich die Frage, wie sich allein die Anwendung des Refinanzierungsregisters auf das Rating der Anleihen auswirkt. Denn durch die Einbeziehung des Treuhänders sind keine negativen Aspekte zu erkennen. Dabei sind die Auswirkungen des Refinanzierungsregisters vor allem unter dem Aspekt zu untersuchen, inwieweit eine Eintragung der Vermögensgegenstände im Refinanzierungsregister bewirkt, dass diese der Zweckgesellschaft und somit den Investoren im Fall einer Insolvenz des Refinanzierungsunternehmens tatsächlich zur Verfügung stehen.[464]

Gegenüber den oben beschriebenen, früheren Treuhandmodellen[465] bewirkt eine Eintragung der Vermögensgegenstände, auf deren Übertragung die Zweckgesellschaft einen Anspruch hat, dass wegen § 22j Abs. 1 KWG zumindest das Bestehen eines Aussonderungsrechts der Zweckgesellschaft nicht mehr unsicher ist. Jedoch schützt die Eintragung im Refinanzierungsregister nicht vor weiteren

---

463 Siehe oben 2. Teil C III 2.

464 Siehe zu den Kriterien einer Trennung der Vermögenswerte Standard and Poor's Reverse Mortgage Criteria Report, 2004, S. 84.

465 Siehe oben 1. Teil C; Bei diesen war insbesondere das Unmittelbarkeitsprinzip nicht gewahrt, so dass ein Aussonderungsrecht des Treugebers zweifelhaft war.

Verfügungen des Refinanzierungsunternehmens über die eingetragenen Gegenstände oder einer Zwangsvollstreckung in diese Gegenstände (vgl. § 22j Abs. 1 S. 2, 3 KWG). Denn an der sachenrechtlichen Zuordnung der Vermögensgegenstände soll die Eintragung nach dem Willen des Gesetzgebers nichts ändern.[466] Eine dennoch vorgenommene Verfügung hätte zur Folge, dass sich der auszusondernde Gegenstand nicht mehr bei dem Refinanzierungsunternehmen befindet. Das Aussonderungsrecht liefe somit leer. Besonderes Augenmerk wird im Ratingverfahren daher zukünftig auf die Integrität des Refinanzierungsunternehmens zu legen sein. Dieses verwaltet die eingetragenen Vermögensgegenstände, sofern diese noch nicht auf die Zweckgesellschaft übertragen wurden, für die Zweckgesellschaft treuhänderisch. Zudem übernimmt es üblicherweise ebenfalls das sog. Servicing, d. h. den Forderungseinzug sowie das Mahn- und Vollstreckungswesen[467].

Neben diesem Negativaspekt sind in Bezug auf das Refinanzierungsregister jedoch zwei weitere positive Aspekte bemerkenswert. Diese fördern bzw. verbessern das Rating der Anleihen wesentlich. Zum einen ist dies § 22d Abs. 4 KWG. Danach stehen mündliche oder konkludente Abtretungsverbote einer Übertragbarkeit der Forderungen nicht mehr entgegen, wenn die Forderungen in das Refinanzierungsregister eingetragen worden sind. Insbesondere bei der Abtretung von Bankforderungen eröffnet dies den Kreditinstituten die Möglichkeit, sich gegen die vom OLG Frankfurt[468] vertretene Ansicht, nach der aus dem Bankgeheimnis ein konkludentes Abtretungsverbot abzuleiten ist, abzusichern. Zum anderen ist § 22j Abs. 3 KWG zu nennen. Dieser verwehrt es dem Refinanzierungsunternehmen – im Unterschied zu den früher praktizierten Treuhandmodellen –, gegenüber den Ansprüchen des Übertragungsberechtigten auf Übertragung der ordnungsgemäß im Refinanzierungsregister eingetragenen Gegenstände aufzurechnen oder ein Zurückbehaltungsrecht geltend zu machen. Diese Vorschrift stellt einen notwendigen Ausgleich zugunsten des Übertragungsberechtigten dar, da ihm die eingetragenen Vermögensgegenstände nicht zu vollem Recht übertragen werden. Schließlich könnte der Veräußerer „nach einer Übertragung ... im Falle von Aufrechnungsmöglichkeiten und Zurückbehaltungsrechten die Übertragung nicht mehr rückgängig machen"[469] bzw. diese Rechte ebenfalls nicht mehr geltend machen.

Es muss daher sichergestellt sein, dass das Refinanzierungsunternehmen nicht pflichtwidrig über die eingetragenen Gegenstände verfügt. Dann wirkt sich die

---

466 Gesetzesbegründung zu § 22j, S. 23.
467 Siehe hierzu oben 1. Teil A III 5 d.
468 OLG Frankfurt a. M. WM 2004, 1386 ff.
469 Gesetzesbegründung zu § 22j, S. 24.

Anwendung des Refinanzierungsregisters bei Verbriefungen in erheblichem Maße positiv auf das Rating der Anleihen aus. In diesem Fall wird der Zugriff der Zweckgesellschaft bzw. des Treuhänders auf die als Sicherheit dienenden Vermögensgegenstände ermöglicht.

2. Die Bedeutung für das Rating bei fehlender Inhaberschaft der Registerposition

Kann der Treuhänder nicht Inhaber der Registerposition werden, da er nicht Übertragungsberechtigter im Sinne des § 22d Abs. 2 Ziff. 1 KWG sein kann, ist das Bestehen eines Aussonderungsrechts nach § 22j Abs. 1 KWG i. V. m. § 47 InsO sehr unsicher. Nach der hier vertretenen Ansicht würde das Aussonderungsrecht wegen des Untergangs der Registerposition sogar weder der Zweckgesellschaft noch dem Treuhänder zustehen.[470] Dies würde sich erheblich negativ auf das Rating der Anleihen auswirken. Die Zweckgesellschaft hätte in der Insolvenz des Refinanzierungsunternehmens möglicherweise keinen Zugriff auf die als Sicherheit dienenden Vermögensgegenstände.

D. Das Aussonderungsrecht des Treuhänders im Fall der unechten Treuhand

Bei der unechten Treuhand nimmt der Treuhänder die Rechte der Zweckgesellschaft allein aufgrund einer schuldrechtlichen Befugnis wahr. Das Treugut, die Vermögensgegenstände der Zweckgesellschaft, wird dabei nicht wirksam auf ihn übertragen.

I. Die Gestaltungsmöglichkeiten im Rahmen der unechten Treuhand

1. Die Vollmachtstreuhand

Bei der Vollmachtstreuhand wird dem Treuhänder auf rechtsgeschäftlicher Basis Stellvertretungsbefugnis für die Zweckgesellschaft eingeräumt. Es finden daher ausnahmslos die §§ 164 ff. BGB Anwendung.[471] Der Treuhandvertrag, in dessen Rahmen die Vollmacht in der Regel erteilt wird, ist dabei ebenfalls als ein echter Vertrag zugunsten Dritter im Sinne des § 328 BGB ausgestaltet.[472] Dritte sind auch in diesem Fall die Investoren. Ihnen steht gegenüber dem Treuhänder ein

---

470 Siehe oben 2. Teil C II 4 b.
471 OLG Karlsruhe NJW-RR 1986, 100; *Schramm* in Münchener Kommentar, BGB, Vor § 164 Rn. 37.
472 Offering Circular der Driver Three GmbH, S. 115 ff.

eigenes Forderungsrecht zu. Danach können sie von dem Treuhänder die Erfüllung seiner Pflichten aus dem Treuhandvertrag verlangen.

2. Die Ermächtigungstreuhand nach § 185 BGB

Bei der Ermächtigungstreuhand bedienen sich die Beteiligten nicht dem Rechts-
institut der Stellvertretung, um die Zwecke der Treuhandabrede zu erreichen.
Dennoch findet auch keine Übereignung des Treuguts statt. Der Treuhänder
macht die ihm übertragenen Rechte gleich einem mittelbaren Stellvertreter im
eigenen Namen, aber in fremdem Interesse und für fremde Rechnung geltend.[473]
Er kann dabei mit unmittelbarer Fremdwirkung über die Vermögensgegenstände
der Zweckgesellschaft verfügen (vgl. § 185 BGB). Er kann die Zweckgesellschaft aus den abgeschlossenen Geschäften grundsätzlich aber weder berechtigen noch verpflichten.[474] Vielmehr wird er selbst Geschäftspartei.

II. Die Folgewirkungen der unechten Treuhand in der Insolvenz des Refinanzierungsunternehmens

Die Folgewirkungen der unechten Treuhand in der Insolvenz des Refinanzierungsunternehmens hängen davon ab, inwieweit der Treuhänder durch die Vereinbarung der unechten Treuhand in die Lage versetzt wird, die Rechte der
Zweckgesellschaft wirksam geltend zu machen.

Problematisch ist in diesem Zusammenhang, dass der Treuhänder lediglich eine
schuldrechtliche Berechtigung vorweisen kann. Diese berechtigt ihn, die Rechte
der Zweckgesellschaft entweder im eigenen Namen als Ermächtigter oder im
fremden Namen als Stellvertreter geltend zu machen. Im Vergleich zum echten
Treuhänder kann der unechte Treuhänder daher nur eine deutlich schwächere
Rechtsposition aufweisen. Denn der echte Treuhänder vermag sich wegen der
wirksamen Übertragung der Vermögensgegenstände der Zweckgesellschaft auf
ihn auch auf ein dingliches Recht zu stützen. Zudem können die Vollmacht und
die Ermächtigung leicht durch Widerruf zum Erlöschen gebracht werden. Sofern
eine Vollmachtsurkunde ausgestellt wurde, kann diese auch gem. § 175 BGB
zurückgefordert bzw. gem. § 176 BGB durch öffentliche Bekanntmachung für
kraftlos erklärt werden.

In der Insolvenz des Refinanzierungsunternehmens hat der unechte Treuhänder
daher eine wesentlich schwächere Stellung als der echte Treuhänder, da er sich

---

473 BFH BB 1991, 537, 538; OLG München NJW-RR 2000, 1682.
474 BFH BB 1991, 537, 538.

stets nur auf ein fremdes Recht stützen kann. Zudem kann seine Berechtigung, das Recht geltend zu machen, etwa durch eine entsprechende Willensbekundung der für die Zweckgesellschaft handelnden Personen leicht wieder entfallen.

III. Die Bedeutung der unechten Treuhand für das Rating der Anleihen

Die unechte Treuhand enthält nach dem zuvor Gesagten etliche Unsicherheitsfaktoren. Dies betrifft vor allem die Möglichkeit des Treuhänders, die Rechte der Zweckgesellschaft und somit auch die Rechte der Investoren in der Insolvenz des Refinanzierungsunternehmens wirksam auszuüben. Problematisch in diesem Zusammenhang ist, dass die Zweckgesellschaft üblicherweise keine nennenswerte personelle und sachliche Ausstattung aufweist. Die Zweckgesellschaft ist daher im Zweifel auf den Treuhänder angewiesen, um ihre Rechte wirksam durchsetzen zu können. Zwar kann diese Aufgabe durchaus auch von einem anderen Beteiligten einer Transaktion wahrgenommen werden. Der Treuhänder ist jedoch mit der Transaktion bereits vertraut und kann umgehend tätig werden. Die genannten Unsicherheitsfaktoren würden sich aber dann nicht negativ auf das Rating der Anleihen auswirken, wenn diese Unsicherheiten durch anderweitige Auffanglösungen ausgeglichen werden könnten. Als eine solche Auffanglösung käme eine unwiderrufliche oder nur unter engen Bedingungen widerrufliche Vollmacht in Betracht. In diesem Fall wäre zumindest die schuldrechtliche Stellung des Treuhänders in hohem Maße beständig.

Ein nennenswerter positiver Aspekt der unechten Treuhand ist, dass die Geschäfte des Treuhänders sowohl bei der Vollmachts- als auch bei der Ermächtigungstreuhand der Missbrauchskontrolle unterliegen.[475] Hierdurch können Geschäfte des Treuhänders, die unter Missbrauch seiner rechtlichen Befugnis abgeschlossen wurden, als unwirksam bzw. nicht bindend angesehen werden. Ob diese Möglichkeit bei der echten Treuhand besteht, ist zweifelhaft. Sie wird von der wohl h. M. und insbesondere der Rechtsprechung jedoch verneint.[476]

---

475 *Leptien* in Soergel, BGB, Vor § 164 Rn. 60; *Schramm* in Münchener Kommentar, BGB, Vor § 164 Rn. 36.
476 Bejahend: *K. Schmidt*, GesR, § 61 III 3; *Hopt* in Baumbach/Hopt, HGB, § 105 Rn. 33; *Coing*, Treuhand, S. 164; *Kötz* NJW 1968, 1471; Verneinend: *Schramm* in Münchener Kommentar, BGB, Vor § 164 Rn. 36; BGHZ 11, 37, 43; NJW 1968, 1471; *Bülow* JuS 1994, 1, 4; *Henssler* AcP 196 (1996), 37, 66; *Hefermehl* in Soergel, BGB, § 137 Rn. 9; *Kohler* in Staudinger, BGB, § 137 Rn. 20.

E. Zusammenfassung

Es hat sich gezeigt, dass der Gesetzgeber mit dem Refinanzierungsregister und den dazugehörigen Regelungen ein System geschaffen hat, mit dem der größte Teil der früheren Probleme, die sich bei der Verbriefung von grundpfandrechtlich besicherten Forderungen ergaben, gelöst wurde. Ein solches Register kann in der Regel auch ohne besonders großen (Kosten-) Aufwand geführt werden. Nach der (teilweisen) Lösung[477] der steuerrechtlichen Probleme wurde somit eines der letzten verbliebenen Hindernisse für die Durchführung von MBS-Transaktionen in Deutschland gelöst: das Kostenproblem. Denn um sicherstellen zu können, dass die Ansprüche der Investoren befriedigt werden, müssen – außer in der Insolvenz des Refinanzierungsunternehmens – die Forderungen und Sicherungsrechte nicht mehr übertragen werden.

Zusätzlich wird durch die Eintragung im Refinanzierungsregister die Geheimhaltung der Transaktion sichergestellt. Eine Anzeige gem. § 55 GBO ist nur noch im Insolvenzfall erforderlich, da die eingetragenen Rechte vorher nicht übertragen werden müssen.

Im Hinblick auf den Treuhänder ergibt sich de lege lata jedoch das Problem, dass bei der Wahrnehmung seiner Rechte teilweise eine gewisse Rechtsunsicherheit herrscht. Insbesondere die echte Treuhand eignet sich für die Transaktion nur, wenn der Treuhänder den gesetzlichen Erfordernissen für eine Geltendmachung der Registerpositionen im eigenen Namen entspricht. Danach muss der Treuhänder entweder eine Zweckgesellschaft, ein Refinanzierungsmittler oder eine Pfandbriefbank sein.

---

477 Hinzuweisen sei an dieser Stelle nur auf das Kleinunternehmerförderungsgesetz vom 31.07.2003, BGBl. I, 1550, wonach die Gewerbesteuer lediglich bei Forderungen aus Bankgeschäften entfällt.

3. Teil Die Verpfändung der Übertragungsansprüche

Wie dargelegt wurde, kann der echte Treuhänder die Registerposition nur geltend machen, wenn er als „Übertragungsberechtigter" im Sinne des § 22d Abs. 2 Ziff. 1 KWG eingetragen ist. Er müsste daher eine Zweckgesellschaft, ein Refinanzierungsmittler oder eine Pfandbriefbank sein. Diese Voraussetzungen erfüllt er üblicherweise jedoch nicht. Auch die unechte Treuhand eignet sich regelmäßig nicht für Verbriefungen, da sie dem Treuhänder eine zu schwache Rechtsposition vermittelt. Im Folgenden wird daher die Verpfändung der Übertragungsansprüche als weitere Möglichkeit untersucht, den Treuhänder in eine ABS-Transaktion einzubeziehen. Den Schwerpunkt bildet dabei die Frage, inwieweit dies dem Treuhänder ermöglicht, die Registerposition geltend zu machen.

A. Der Begriff, das Wesen und die Rechtsnatur des Pfandrechts

Um die Auswirkungen auf die Registerposition, die sich aus einer Verpfändung der Übertragungsansprüche der Zweckgesellschaft an den Treuhänder ergeben, bestimmen zu können, soll das Pfandrecht zunächst rechtlich eingeordnet werden. Hierzu werden der Begriff, das Wesen und die Rechtsnatur der Registerposition bestimmt.

I. Der Begriff

Der wesentliche Inhalt und damit der Begriff des Pfandrechts wird durch das Gesetz in § 1204 Abs. 1 BGB selbst bestimmt. Danach ist das Pfandrecht ein der Sicherung einer Forderung dienendes dingliches Recht an einer fremden beweglichen Sache, das den Gläubiger berechtigt, Befriedigung aus dem belasteten Gegenstand zu suchen.[478] Gemäß § 1273 BGB kann Gegenstand des Pfandrechts nicht bloß eine bewegliche Sache sein, sondern auch ein Recht.

II. Das Wesen

Dem Wesen nach handelt es sich bei dem Pfandrecht um ein zum Numerus clausus der Sachenrechte gehörendes dingliches Sicherungsrecht. § 1205 BGB zeigt sowohl dem Wortlaut nach als auch gedanklich wesentliche Parallelen zu den Tatbeständen der §§ 929 und 1032 BGB. Allen ist gemein, dass ein dingliches Recht nicht nur durch eine Einigung über die Rechtsänderung übertragen wird.

---

478 *Mugdan*, Materialien, Bd. III, S. 445.

Sie erfordert auch die sie nach außen manifestierende Besitzübertragung auf den Erwerber.[479] Besonders deutlich wird diese Parallelität zu den Rechtsübertragungstatbeständen in § 1274 Abs. 1 Satz 1 BGB. Dieser erklärt die Vorschriften für die Übertragung des Rechts für entsprechend anwendbar. Da mit der Verpfändung die vermögenswerten Rechte an dem verpfändeten Gegenstand auf den Erwerber des Pfandrechts übergehen, kommt das Pfandrecht sowohl der Struktur als auch dem Ergebnis nach einer Übertragung des Vollrechts sehr nahe.[480]

III. Die Rechtsnatur

Da das Pfandrecht die Existenz einer zu sichernden Forderung voraussetzt, gehört es zur Gruppe der akzessorischen Sicherungsrechte.[481] Nach § 1204 Abs. 2 BGB sind diese Voraussetzungen jedoch schon bei einer künftigen oder bedingten Forderung erfüllt. Erlischt die Forderung nachträglich, ist hiervon gem. § 1252 BGB auch das Pfandrecht betroffen. Die Akzessorietät betrifft ebenso die Übertragung des Pfandrechts. So bestimmt § 1250 Abs. 1 BGB, dass das Pfandrecht mit der Übertragung der Forderung auf deren Erwerber übergeht und das Pfandrecht nicht ohne die Forderung übertragen werden kann. Die gesicherte Forderung selbst muss auf Geldleistung gerichtet sein oder im Fall der Nichtleistung in eine Geldforderung übergehen können (vgl. § 1228 Abs. 2 BGB).[482]

Das Pfandrecht stellt eine dingliche Belastung einer beweglichen Sache oder eines Rechts dar. Diesen dinglichen, also gegenüber jedermann wirkenden Charakter hat das Pfandrecht jedoch nicht, wenn es sich bei dem verpfändeten Recht lediglich um ein relatives Recht wie etwa eine Forderung handelt. Dies folgt daraus, dass es sich bei der Bestellung des Pfandrechts um eine Teilübertragung des Rechts handelt.[483]

Damrau[484] spricht davon, dass es sich bei der Pfandrechtsbestellung um eine „bedingte Abtretung" handelt und zitiert hierzu *Baur/Stürner*[485]. Im Fall der Pfandverwertung soll eine Vollrechtsübertragung stattfinden. Dies solle sich auch in Abs. 2 zeigen. Denn wo keine Rechtsübertragung gestattet sei, könne

479 *Wiegand* in Staudinger, BGB, § 1205 Rn. 1.
480 *Wiegand* in Staudinger, BGB, § 1274 Rn. 25.
481 *Mugdan*, Materialien, Bd. III, S. 445.
482 *Mugdan*, Materialien, Bd. III, S. 445.
483 *Habersack* in Soergel, BGB, Vor § 1204 Rn. 4; *Wiegand* in Staudinger, BGB, Vor § 1273 Rn. 8; *Baur/Stürner* § 38 IIIa 1.
484 *Damrau* in Münchener Kommentar, BGB, § 1274 Rn. 1.
485 *Baur/Stürner* § 38 IIIa 1.

auch kein Pfandrecht nach §§ 1274, 398 BGB bestellt werden. Jedoch zitiert *Damrau* schon *Baur/Stürner* unrichtig, die ebenso wie *Habersack* von einer „teilweisen Abtretung" sprechen. Zum anderen ergibt sich schon aus § 1204 BGB, dass es sich lediglich um eine Belastung handelt und eben keine Vollrechtsübertragung; auch nicht für den Fall, dass das Pfand verwertet wird. Dass ein Pfandrecht nur an solchen Rechten bestellt werden kann, die auch übertragen werden können, hat seinen Grund in dem dinglichen Charakter der Pfandrechtsbestellung und da-rin, dass es zu einer teilweisen Rechtsübertragung kommt. Dies wäre bei nicht (selbständig) übertragbaren Rechten nicht möglich.

Das Pfandrecht teilt wegen der Teilübertragung die Rechtsnatur des Verfügungsobjekts. Demgemäß wirkt die Verpfändung einer Forderung nur relativ. Denn das Pfandrecht an einer Forderung kann nicht mehr Rechte vermitteln als die Forderung selbst.[486] Dies gilt selbstverständlich nicht für die Rechtsbeziehung zwischen Pfandrecht und belastetem Recht: diese ist dinglicher Natur, da der Zedent einen Teil seiner Befugnisse auf den Zessionar übertragen hat.[487] *Habersack* vertritt diesbezüglich die Ansicht, dass es insoweit nicht der Annahme bedürfe, dass das Pfandrecht an der Forderung „im Verhältnis zum belasteten Recht" dinglichen Charakter habe.[488] Dies soll lediglich die Rechtsbeziehung charakterisieren. Es soll den Unterschied hinsichtlich der Rechtsbeziehungen aus der belasteten Forderung selbst zeigen und in vereinfachter Form darstellen. Eine solche Charakterisierung ist durchaus berechtigt.

Das Pfandrecht gibt dem Pfandnehmer ein Verwertungsrecht. Dieses ist, je nach Rechtsnatur des Verfügungsobjektes, dinglicher oder relativer Natur.[489] Der Pfandnehmer kann sich daher nach Maßgabe der §§ 1228 ff, 1277 ff. BGB entweder durch Pfandverkauf, Forderungseinziehung oder durch Zwangsvollstreckung aus dem Pfandgegenstand befriedigen. In der Insolvenz des Pfandrechtsbestellers gewährt das Pfandrecht dem Pfandnehmer ein Absonderungsrecht nach § 50 InsO.

---

486 *Habersack* in Soergel, BGB, Vor § 1204 Rn. 4; *Damrau* in Münchener Kommentar, BGB, § 1273 Rn. 1.
487 So *Damrau* in Münchener Kommentar, BGB, § 1273 Rn. 1; *Baur/Stürner*, Sachenrecht, § 60 Rn. 3 m. w. N. in Fn. 1.
488 *Habersack* in Soergel, BGB, Vor § 1204 Rn. 4.
489 *Habersack* in Soergel, BGB, Vor § 1204 Rn. 4.

B. Die Auswirkungen der Verpfändung auf die Registerposition

Wie sich eine Verpfändung der Übertragungsansprüche auf die Registerposition auswirkt, hängt zum einen davon ab, inwieweit die Übertragungsansprüche verpfändbar sind. Zum anderen ist entscheidend, ob und inwieweit die Registerposition zugleich auf den Treuhänder mit übergeht. Möglicherweise kann sie sogar selbständig verpfändet werden.

I. Die Verpfändung der Übertragungsansprüche

Obwohl nach dem Wortlaut des § 1274 Abs. 1 BGB Rechte schlechthin verpfändbar sind, kann nicht an jedem Recht ein Pfandrecht bestellt werden. Dies ergibt sich sowohl aus dem Zweck als auch aus der dogmatischen Konzeption des Pfandrechts.[490] Die erste Begrenzung der verpfändbaren Rechte bestimmt das Gesetz in § 1274 Abs. 2 BGB. Danach kann an solchen Rechten kein Pfandrecht bestellt werden, die nicht übertragen werden können. Dies ist Folge der rechtlichen Konzeption des Pfandrechts, wonach es sich um eine partielle Rechtsübertragung handelt.[491] Aus dem Kreis der pfändbaren Rechte fallen auch solche Rechte, die nicht selbständig verwertbar sind. Zweck der Pfandrechtsbestellung ist es nämlich, dem Pfandnehmer ein Verwertungsrecht für die gesicherte Forderung zu geben.[492]

Für die Übertragungsansprüche bedeutet dies, dass sie ohne weiteres verpfändet werden können. Schon vor Beginn einer ABS-Transaktion steht fest, dass die Zweckgesellschaft ihre Vermögensgegenstände einem Treuhänder anvertrauen oder auf eine weitere Zweckgesellschaft übertragen muss.[493] Deshalb werden diese Ansprüche so ausgestaltet, dass eine Übertragbarkeit gewährleistet ist. Zudem sind die Übertragungsansprüche selbständig verwertbar, da sie auf die Übertragung von Forderungen bzw. Sicherheiten gerichtet sind.

Als zu sichernde Forderung wird üblicherweise zwischen der Zweckgesellschaft und dem Treuhänder ein sog. „Trustee Claim" vereinbart.[494] Hierdurch erhält der Treuhänder einen Anspruch, von der Zweckgesellschaft die Erfüllung der Ansprüche der Investoren und sonstigen Transaktionsgläubiger zu verlangen.

---

490 *Wiegand* in Staudinger, BGB, § 1273 Rn. 2.
491 *Wiegand* in Staudinger, BGB, § 1273 Rn. 3.
492 *Wiegand* in Staudinger, BGB, § 1273 Rn. 2.
493 Etwa bei einem Multi-Seller-Conduit.
494 Offering Circular der Driver Three GmbH, S. 116.

Unter bestimmten Umständen kann er auch Zahlung an sich verlangen. Dann soll er die daraus erhaltenen Mittel selbständig an die Investoren weiterleiten.[495]

II. Die Auswirkungen auf die Registerposition

Ausgangspunkt für die Beurteilung, wie sich die Verpfändung der Übertragungsansprüche auf die Registerposition auswirkt, ist, dass es sich bei der Registerposition um ein die Hauptforderung sicherndes Nebenrecht im Sinne des § 401 Abs. 1 BGB handelt. Für die Frage des Übergangs der Registerposition kommt es demnach darauf an, ob bei einer Verpfändung der Hauptforderung auch die Nebenrechte im Sinne des § 401 Abs. 1 BGB von der Pfandrechtsbestellung erfasst sind.

Dies wird von der h. M. unter Hinweis auf die für die Abtretung geltenden Grundsätze bei akzessorischen und unselbständigen Nebenrechten und Hilfsansprüchen bejaht. Dies soll sich vor allem aus § 401 Abs. 1 BGB und einer über seinen Wortlaut hinausgehenden Interpretation ergeben.[496] Handelt es sich hingegen um stark gelockerte oder sogar völlig selbständige Nebenrechte und würde es deshalb auch bei einer Abtretung nicht zu einem automatischen Übergang der Nebenrechte kommen, soll das Gleiche für die Verpfändung gelten.[497] Diese Rechte würden demnach von einer Pfandrechtsbestellung nicht erfasst, sofern dies nicht gesondert vereinbart wurde. Da es sich bei der Registerposition jedoch um ein akzessorisches Nebenrecht handelt, wird sie grundsätzlich vom Pfandrecht am Übertragungsanspruch erfasst.

Fraglich ist in diesem Zusammenhang, inwieweit sich eine Verpfändung des Übertragungsanspruchs auf den Bestand der Registerposition auswirkt und ob sich die gleichen Probleme wie bei einer Abtretung des Übertragungsanspruchs ergeben. Immerhin ist die Zweckgesellschaft bei einer Verpfändung weiterhin als Übertragungsberechtigte im Refinanzierungsregister eingetragen. Sie ist mangels Inhaberschaft eines Verwertungsrechts allerdings nicht mehr in der Lage, die Forderung und die Registerposition geltend zu machen.

Im Unterschied zur Abtretung des Übertragungsanspruchs ist die Zweckgesellschaft jedoch nicht nur als Übertragungsberechtigte in das Refinanzierungsregister eingetragen. Vielmehr ist sie auch weiterhin – zumindest formal – Übertra-

---

495 Bei der insolvenzrechtlichen Sicherung von Wertguthaben aus Alterteilzeit nach § 8a AltTzG wird ein ähnliches Modell vorgeschlagen. Eingehend hierzu *Smid/Lindenberg* DZWIR 2006, 133 ff.

496 *Mugdan*, Materialien, Band II, S. 574; *Wiegand* in Staudinger, BGB, § 1273 Rn. 9.

497 *Wiegand* in Staudinger, BGB, § 1273 Rn. 9; *Habersack* in Soergel, BGB, § 1273 Rn. 5.

gungsberechtigte im Sinne des § 22d Abs. 2 Ziff. 1 KWG. Denn nach h. M.[498] werden durch die Verpfändung weder die Forderung noch die diese sichernden akzessorischen Nebenrechte im Sinne des § 401 Abs. 1 BGB übertragen. Lediglich die diesbezüglichen Verwertungsrechte werden auf den Treuhänder abgespalten. Das Refinanzierungsregister wird durch eine Verpfändung des Übertragungsanspruchs daher nicht unrichtig. Vielmehr liegt weiterhin eine ordnungsgemäße Eintragung vor, da die Zweckgesellschaft formal Inhaberin der Übertragungsansprüche bleibt. Negative Auswirkungen auf den Bestand der Registerposition ergeben sich hieraus somit nicht.

Ginge man hingegen mit *Damrau* davon aus, dass es sich bei der Pfandrechtsbestellung um eine bedingte Abtretung handelt, wobei der Bedingungseintritt für den Fall erfolgen soll, dass das Pfandrecht verwertet wird,[499] würden sich bei der Verpfändung der Übertragungsansprüche letztlich die gleichen Probleme wie bei deren Abtretung ergeben. Zwar würde für den Zeitraum von der Pfandrechtsbestellung bis zur Pfandverwertung weiterhin die Zweckgesellschaft Inhaberin der Übertragungsansprüche und der entsprechenden Registerpositionen sein. Schließlich hätte sie bis zu diesem Zeitpunkt ebenfalls lediglich das Verwertungsrecht auf den Treuhänder abgespalten. Für den Fall der Pfandverwertung – und dies ist der eigentliche Zeitpunkt, in dem der Treuhänder aktiv werden und seine ihm übertragenen Rechte ausüben soll – würden die verpfändeten Übertragungsansprüche jedoch kraft Bedingungseintritts wirksam an den Treuhänder abgetreten. Um die Unrichtigkeit des Refinanzierungsregisters und somit den Untergang der Registerposition nach § 22d Abs. 3 i. V. m. § 22j Abs. 1 KWG zu verhindern, müsste der Treuhänder in diesem Fall als Übertragungsberechtigter im Sinne des § 22d Abs. 2 Ziff. 1 KWG in das Refinanzierungsregister eingetragen werden. Mithin müsste es sich bei dem Treuhänder wiederum entweder um eine Zweckgesellschaft, einen Refinanzierungsmittler oder eine Pfandbriefbank handeln (vgl. § 22d Abs. 2 Ziff. 1 KWG). Die Ansicht von *Damrau* ist mit den oben genannten Argumenten jedoch abzulehnen.[500]

C. Die Folgewirkungen in der Insolvenz

Mit Eintritt der Pfandreife ist der Treuhänder berechtigt, die an ihn verpfändeten Vermögensgegenstände zu verwerten. Nach § 1228 Abs. 2 S. 1 BGB tritt die Pfandreife mit Fälligkeit der gesicherten Forderung ein. Der bei ABS-Transaktionen üblicherweise als gesicherte Forderung dienende sog. Trustee

---

498 Siehe oben 3. Teil A III.
499 *Damrau* in Münchener Kommentar, BGB, § 1274 Rn. 1.
500 Siehe oben 3. Teil A III.

Claim wird dabei schon mit Abschluss des Treuhandvertrags fällig. Denn der Treuhänder soll schon von Beginn der Transaktion an in der Lage sein, seine Ansprüche gegenüber der Zweckgesellschaft geltend zu machen und durchzusetzen. Mithin liegt schon zu diesem Zeitpunkt die Pfandreife vor. Folglich ist der Treuhänder grundsätzlich zur sofortigen Pfandverwertung berechtigt. Die Parteien können die Verwertung des Pfandes jedoch von zusätzlichen Voraussetzungen abhängig machen. Diese Vereinbarungen binden jedoch nur die Vertragsparteien und wirken nicht gegenüber Dritten.[501] Das bedeutet, dass die Pfandreife und somit die Verwertungsbefugnis trotz der obligatorischen Abreden im Treuhandvertrag eintritt.[502] Würden diese Abreden verletzt, würde lediglich ein Schadensersatzanspruch der Zweckgesellschaft gegen den Treuhänder entstehen. Als weitere Voraussetzung – inter partes – für den Eintritt der Verwertungsbefugnis wird in der Regel die Insolvenz des Refinanzierungsunternehmens oder der Zweckgesellschaft vereinbart.[503] Hinsichtlich der Folgewirkungen aus der Verpfändung der Übertragungsansprüche und der daraus resultierenden Rechtsposition des Treuhänders muss deshalb zwischen der Insolvenz des Refinanzierungsunternehmens und der Insolvenz der Zweckgesellschaft unterschieden werden.

I.   Die Insolvenz des Refinanzierungsunternehmens

In der Insolvenz des Refinanzierungsunternehmens wäre die Zweckgesellschaft grundsätzlich noch in der Lage, ihre Verbindlichkeiten gegenüber den Investoren und sonstigen Transaktionsgläubigern zu erfüllen. Schließlich ist sie von der Insolvenz nicht unmittelbar betroffen. Jedoch ist es dem Refinanzierungsunternehmen in einem solchen Fall regelmäßig nicht mehr möglich, das Servicing ordnungsgemäß durchzuführen. Seine Insolvenz kann sich deshalb in erheblichem Maße negativ auf den Zahlungsstrom auswirken, der aus den auf die Zweckgesellschaft übertragenen Forderungen und Sicherheiten generiert wird. Sofern ein sog. „Back-up Servicer", der auch der Treuhänder sein kann, oder ein Sachwalter gem. § 221 ff. KWG das Servicing nicht weiterführen können, könnte daher auch die Zweckgesellschaft wegen des Ausfalls des Zahlungsstroms mangels Liquidität die Forderungen der Gläubiger nicht mehr erfüllen. Zu diesen Forderungen gehört auch der sog. Trustee Claim, der durch das Pfandrecht des Treuhänders gesichert ist. Aus den vorweg genannten Gründen soll der Treuhänder deshalb schon im Fall der Insolvenz des Refinanzierungsunternehmens berechtigt sein, das Pfandrecht geltend zu machen. Hiermit soll ein Ausfall des Zahlungsstroms mangels Servicing verhindert werden. Der Treuhänder

---

macht dabei neben den Übertragungsansprüchen bezüglich der Forderungen und deren Sicherheiten ebenso das Aussonderungsrecht gem. § 22j Abs. 1 KWG i. V. m. § 47 InsO geltend. Dies ist zwingend, da diese Gegenstände sich regelmäßig noch im Vermögen des Refinanzierungsunternehmens befinden und somit eigentlich zu dessen Insolvenzmasse gehören.[504]

Der Umfang, in dem die verpfändeten Vermögensgegenstände haften, wird durch § 1210 Abs. 1 BGB begrenzt. Danach haftet das Pfand für die Forderung in deren jeweiligem Bestand. Jedoch ist § 1210 BGB dispositiv.[505] Die Parteien können daher insbesondere eine von der Höhe der gesicherten Forderung unabhängige Haftung der verpfändeten Vermögensgegenstände vereinbaren. Eine solche Vereinbarung zwischen der Zweckgesellschaft und dem Treuhänder ist allerdings nicht erforderlich. Der Trustee Claim ist üblicherweise so ausgestaltet, dass der Treuhänder von der Zweckgesellschaft die Erfüllung der Forderungen sämtlicher Gläubiger verlangen kann.[506] Der Umfang dieser Forderungen deckt sich dabei nahezu vollständig mit dem des Zahlungsstroms, der aus den Forderungen und deren Sicherheiten generiert wird.

II. Die Insolvenz der Zweckgesellschaft

Im Gegensatz zur Insolvenz des Refinanzierungsunternehmens ist die Zweckgesellschaft in ihrer eigenen Insolvenz in jedem Fall nicht mehr in der Lage, ihre Verbindlichkeiten gegenüber ihren Gläubigern zu erfüllen. Dies gilt mithin auch für den Trustee Claim. Die Transaktion muss daher abgewickelt und der Erlös aus den als Sicherheit für die Anleihen dienenden Vermögensgegenständen an die Gläubiger ausgekehrt werden. Zu diesem Zweck macht der Treuhänder kraft seiner aus dem Treuhandvertrag und aus § 50 Abs. 1 InsO folgenden Verwertungsbefugnis die Übertragungsansprüche gegenüber dem Refinanzierungsunternehmen geltend. Die Registerposition muss in diesem Fall nur geltend gemacht werden, wenn es zusätzlich zur Insolvenz des Refinanzierungsunternehmens gekommen ist.

Die Höhe, in der die verpfändeten Vermögensgegenstände haften, wird in diesem Fall durch § 50 Abs. 1 InsO zugunsten der übrigen Gläubiger der Zweckgesellschaft, d. h. der Investoren und sonstigen Transaktionsteilnehmer, begrenzt. Dieser gewährt dem Treuhänder ein Absonderungsrecht. Vereinbarungen zwischen der Zweckgesellschaft und dem Treuhänder, die den Haftungsumfang der verpfändeten Vermögensgegenstände unabhängig von der Höhe der gesicherten

---

504 *Hess*, InsO, § 47 Rn. 273.
505 *Mugdan*, Materialien, Bd. III, S. 448.
506 Offering Circular der Driver Three GmbH, S. 116.

Forderung bestimmen, sind unerheblich. Sie können die Haftung in diesem Fall nicht über die Höhe der gesicherten Forderung erweitern.[507] Jedoch gilt auch hier, dass der Trustee Claim üblicherweise so ausgestaltet ist, dass der Treuhänder von der Zweckgesellschaft die Erfüllung der Forderungen sämtlicher Gläubiger verlangen kann.[508] Deren Umfang deckt den des Zahlungsstroms, der aus den Forderungen und deren Sicherheiten generiert wird, wiederum nahezu vollständig ab. Insofern hat die sich aus § 50 Abs. 1 InsO ergebende Haftungsbegrenzung wenig praktische Relevanz.

D. Die Bedeutung der Verpfändung für das Rating der Anleihen

Die Frage, ob und inwieweit sich die Verpfändung der Übertragungsansprüche an den Treuhänder in der Verbriefungspraxis durchsetzen wird, hängt entscheidend davon ab, wie diese sich auf das Rating der Anleihen auswirkt. Dabei kann nach dem vorstehend gesagten allerdings davon ausgegangen werden, dass sich die Verpfändung der Übertragungsansprüche durchaus positiv auf das Rating der Anleihen auswirkt. Dies gilt unabhängig davon, ob der Treuhänder als Übertragungsberechtigter in das Refinanzierungsregister eingetragen werden kann.

Die positiven Auswirkungen auf das Rating der Anleihen ergeben sich daraus, dass die jederzeitige Geltendmachung der verpfändeten Übertragungsansprüche durch den Treuhänder gewährleistet ist; und zwar sowohl in der Insolvenz des Refinanzierungsunternehmens als auch in der Insolvenz der Zweckgesellschaft. Dies gilt allerdings nur, soweit die Integrität des Refinanzierungsunternehmens gesichert ist. Schließlich kann es auch nach der Eintragung der Vermögensgegenstände in das Refinanzierungsregister über diese verfügen (vgl. § 22j Abs. 1 S. 3 KWG).

Daneben gewährleistet das Absonderungsrecht gem. § 50 Abs. 1 InsO in der Insolvenz der Zweckgesellschaft, dass der Treuhänder die an ihn verpfändeten Vermögensgegenstände verwerten kann. Dies gilt unabhängig von den Vorkommnissen bei der Zweckgesellschaft und deren Funktionsfähigkeit.

In der Insolvenz des Treuhänders steht der Zweckgesellschaft ein eigenes Aussonderungsrecht gem. § 47 InsO bezüglich der verpfändeten Übertragungsansprüche zu.[509] Das Aussonderungsrecht folgt aus dem Treuhandvertrag. Danach

---

507 Vgl. § 50 Abs. 1 InsO: „für Hauptforderung ... zur abgesonderten Befriedigung aus dem Pfandgegenstand berechtigt."
508 Offering Circular der Driver Three GmbH, S. 116.
509 RGZ 91, 277, 280; 92, 280, 281.

sollen die verpfändeten Vermögensgegenstände nicht endgültig in das Vermögen des Treuhänders übergehen. Das Pfandrecht des Treuhänders soll vielmehr nur solange bestehen, bis die gesicherte Forderung, der Trustee Claim, erfüllt ist oder der Treuhandvertrag beendet wird.[510]

Zudem bleiben bei einer Verpfändung der Übertragungsansprüche die Regelungen der §§ 22a ff. KWG vollständig anwendbar, da insbesondere die Registerposition erhalten bleibt. Das Refinanzierungsunternehmen kann deshalb beispielsweise auch gegenüber dem Treuhänder gem. § 22j Abs. 3 KWG nicht aufrechnen und kein Zurückbehaltungsrecht geltend machen, wenn dieser die Übertragungsansprüche geltend macht.

Ein Vergleich zur Abtretung der Übertragungsansprüche zeigt daher, dass der Treuhänder bei der Verpfändung keine schlechtere Rechtsposition innehat. Dies gilt insbesondere auch dann, wenn der Treuhänder als Übertragungsberechtigter in das Refinanzierungsregister eingetragen werden kann. Dementsprechend kommt es auch nur zu den dort genannten, begrenzten negativen Auswirkungen auf das Rating der Anleihen.[511]

E. Zusammenfassung

Soweit der Treuhänder nicht als Übertragungsberechtigter in das Refinanzierungsregister eingetragen werden kann, kann der Treuhänder dennoch über eine Verpfändung der Übertragungsansprüche in die Transaktion einbezogen werden. Das für ein gutes Rating der Anleihen erforderliche Verwertungsrecht bezüglich der Übertragungsansprüche und Registerpositionen kann durch ihn problemlos geltend gemacht werden. Gegenüber einer Abtretung der Übertragungsansprüche bestehen zudem keine Nachteile in der Insolvenz der Zweckgesellschaft, des Refinanzierungsunternehmens oder des Treuhänders selbst. Insoweit hat der Treuhänder letztlich die gleichen Rechte. Insbesondere wirkt sich die Akzessorietät des Pfandrechts nicht negativ aus. Werden die verpfändeten Übertragungsansprüche verwertet, besteht der Verwertungserlös üblicherweise in Höhe der gesicherten Forderung, des Trustee Claims. Denn der Trustee Claim gewährt ein Forderungsrecht zur Erfüllung der Ansprüche sämtlicher Transaktionsgläubiger. Die Verpfändung der Übertragungsansprüche wirkt sich somit nicht negativ auf das Rating der Anleihen aus.

---

510 BGH WM 1962, 180, 181 ; *Hess*, InsO, § 47 Rn. 172 für das Sicherungseigentum.
511 Siehe oben 2. Teil C IV 1.

Ergebnis der Untersuchung

Die vorliegende Untersuchung hat gezeigt, dass der Gesetzgeber mit der Einführung des Refinanzierungsregisters verbliebene Hemmnisse für den deutschen ABS-Markt beseitigt hat. Indem die zu sichernden Forderungen bzw. die diese sichernden Grundpfandrechte in das Refinanzierungsregister eingetragen werden, lassen sich nunmehr True-Sale ABS-Transaktionen ohne erheblichen Kosten- und Verwaltungsaufwand insolvenzfest gestalten. Die Vermögenswerte müssen, abgesehen von dem Institut der Sachwaltung, nur noch im Falle der Insolvenz des Refinanzierungsunternehmens übertragen werden. Der Umweg über das sog. Treuhandmodell ist zukünftig nicht mehr erforderlich. Die grundpfandrechtlich besicherten Forderungen und die entsprechenden Grundpfandrechte brauchen daher nicht mehr bedingt abgetreten und anschließend treuhänderisch durch das Refinanzierungsunternehmen verwaltet werden.

Das Refinanzierungsregister wird jedoch überwiegend auf MBS-Transaktionen angewendet werden. Denn durch die Regelungen zum Refinanzierungsregister werden hauptsächlich diesbezügliche Probleme gelöst. ABS-Transaktionen, die der Refinanzierung von Vermögensgegenständen dienen, die ohne weiteres auf eine Zweckgesellschaft übertragen werden können, werden hingegen auch in Zukunft ohne das Refinanzierungsregister auskommen. Hier stellt sich aufgrund der tatsächlichen Übertragung der Vermögensgegenstände das Problem der Insolvenzfestigkeit nicht.

Daneben hat der Gesetzgeber in Bezug auf die Frage, ob der Übertragung der Forderungen und Sicherheiten das Bankgeheimnis entgegensteht, einen Lösungsweg geschaffen. Werden die zu refinanzierenden Vermögensgegenstände in das Refinanzierungsregister eingetragen, kann der Schuldner deren Übertragung nicht mit Hinweis auf das von Teilen der Rechtsprechung aus dem Bankgeheimnis abgeleitete konkludente Abtretungsverbot verweigern. Insoweit ergibt sich auch ein Anwendungsbereich des Refinanzierungsregisters für ABS-Transaktionen, die nicht grundpfandrechtlich besicherte Bankforderungen zum Gegenstand haben. Für die Anwendung des Refinanzierungsregisters auf diesen Fall wird letztlich aber entscheidend sein, ob der durch die Rechtssicherheit gewonnene Nutzen die Kosten des Refinanzierungsregisters überwiegt.

In Bezug auf den Treuhänder einer ABS-Transaktion hat das Refinanzierungsregister keine grundlegenden Änderungen bewirkt. Dieser kann auch weiterhin so in die Transaktionen eingebunden werden, dass er seine umfänglichen Aufgaben effektiv wahrnehmen kann. Beschränkungen ergeben sich allerdings, soweit – und dies ist überwiegend der Fall – es sich bei dem Treuhänder nicht um einen Übertragungsberechtigten im Sinne des § 22d Abs. 2 Ziff. 1 KWG handelt. D. h. er ist weder eine Zweckgesellschaft noch ein Refinanzierungsmittler noch eine Pfandbriefbank. Der Treuhänder kann dann nur auf schuldrechtlicher Basis in Form der Vollmachts- oder Ermächtigungstreuhand oder über eine Verpfändung der Vermögensgegenstände der Zweckgesellschaft legitimiert werden. Erfüllt der Treuhänder die Voraussetzungen des § 22d Abs. 2 Ziff. 1 KWG, kann er selbst als Übertragungsberechtigter in das Refinanzierungsregister eingetragen werden. Dann kann der Treuhänder in die Transaktion eingebunden werden, indem die Zweckgesellschaft ihm die Übertragungsansprüche abtritt.

Trotz des Refinanzierungsregisters verbleiben jedoch noch gewichtige Probleme für den deutschen ABS-Markt. So wurde die Gewerbesteuerpflicht für Zweckgesellschaften mit Sitz in Deutschland nicht vollständig abgeschafft. Dies stellt eines der größten Hindernisse für deren Ansiedlung im Inland dar. Lediglich das Bankenprivileg aus § 19 GewStDV wurde auf Zweckgesellschaften, die Kreditforderungen oder Kreditrisiken von Kreditinstituten oder Instituten im Sinne des § 3 Ziff. 2 GewStDV erwerben und verbriefen (vgl. § 19 Abs. 3 Ziff. 2 GewStDV), ausgedehnt. Bei der Verbriefung von Forderungen, die keine Bankforderungen sind, wäre eine in Deutschland ansässige Zweckgesellschaft daher auch in Zukunft gewerbesteuerpflichtig. Insoweit wird voraussichtlich auch weiterhin auf ausländische Zweckgesellschaften zurückgegriffen.

Daneben ist hinsichtlich des Refinanzierungsregisters zu erwähnen, dass die Eintragung von Vermögensgegenständen, auf deren Übertragung die Zweckgesellschaft einen Anspruch hat, nicht davor schützt, dass das Refinanzierungsunternehmens über diese Gegenstände pflichtwidrig verfügt. Die Eintragung soll nach dem Willen des Gesetzgebers nichts an der sachenrechtlichen Zuordnung dieser Gegenstände ändern. Insoweit verbessern die Regelungen zum Refinanzierungsregister daher nicht die Rechtsposition der Zweckgesellschaft. Denn schon unter Anwendung des Treuhandmodells stellte sich dieses Problem, da die Vermögensgegenstände nur bedingt auf die Zweckgesellschaft übertragen wurden.

Diese Probleme sollten die weiterhin positive Entwicklung des deutschen ABS-Marktes jedoch nicht übermäßig negativ beeinflussen.

Literaturverzeichnis

Abelman, David	The Secondary Mortgage Market Enhancement Act, Real Estate Law Journal 1985, S. 136-150.
Assfalg, Dieter	Die Behandlung von Treugut im Konkurse des Treuhänders, Berling / Tübingen 1960.
Bauer, Hans-Joachim / Oefele, Helmut v.	Grundbuchordnung, Kommentar, 2. Auflage, München 2006.
Baumbach, Adolf / Hopt, Klaus J.	Kommentar zum Handelsgesetzbuch, 33. Auflage, München 2008.
Baumbach, Adolf / Lauterbach, Wolfgang / Albers, Jan / Hartmann, Peter	Kommentar zur Zivilprozessordnung, 66. Auflage, München 2008.
Baur, Jürgen F. / Stürner, Rolf	Insolvenzrecht, 3. Auflage, Heidelberg 1991.
Baur, Jürgen F. / Stürner, Rolf	Sachenrecht, 17. Auflage, München 1999.
Bellinger, Dieter / Kerl, Volkher	Hypothekenbankgesetz, Kommentar, 4. Auflage, München 1995.
Benner, Wolfgang	Asset Backed Securities – eine Finanzinnovation mit Wachstumschancen?, Betriebswirtschaftliche Forschung und Praxis 1988, S. 403-417.
Bernstorff, Christoph Graf v.	Einführung in das englische Recht, 3. Auflage, München 2006.
Beuthien, Volker	Treuhand an Gesellschaftsanteilen, Zeitschrift für Unternehmens- und Gesellschaftsrecht 1974, S. 26-85.
Blaurock, Uwe	Unterbeteiligung und Treuhand an Gesellschaftsanteilen, Baden-Baden 1981.

Böhm, Michael   Asset-Backed Securities und die Wahrung des
                                  Bankgeheimnisses, Betriebs-Berater 2004, S.
                                  1641-1644.

Brandt, Sven   Kreditderivate – Zentrale Aspekte innovativer
                                  Kapitalmarktprodukte, Zeitschrift für Bank- und
                                  Kapitalmarktrecht 2002, S. 243-254.

Braun, Eberhard   Kommentar zur Insolvenzordnung, 3. Auflage,
                                  München 2007.

Bruchner, Helmut   Kein „stillschweigender" Abtretungsausschluss
                                  bei Bankforderungen, Zeitschrift für Bank- und
                                  Kapitalmarktrecht 2004, S. 394-397.

Bülow, Peter   Grundfragen der Verfügungsverbote, Juristische
                                  Schulung 1994, S. 1-8.

Bütter, Michael / Tonner,   Übertragung von Darlehensforderungen und
Martin   Bankgeheimnis, Zeitschrift für Bank und Bank-
                                  wirtschaft 2005, S. 165-173.

Bund, Stefan   Asset Securitisation – Anwendbarkeit und
                                  Einsatzmöglichkeiten in deutschen Universalkre-
                                  ditinstituten, Frankfurt am Main 2000.

Canaris, Claus Wilhelm   Handelsrecht, München 2006.

Canaris, Claus-Wilhelm   Inhaberschaft und Verfügungsbefugnis bei Bank-
                                  konten, Neue Juristische Wochenschrift 1973, S.
                                  825-833.

Canaris, Claus-Wilhelm   Die Verdinglichung obligatorischer Rechte in:
                                  Festschrift für Werner Flume zum 70. Geburtstag,
                                  Band I, Köln 1978, S. 371-427.

Coing, Helmut   Die Treuhand kraft privaten Rechtsgeschäfts,
                                  München 1973.

Eden, Siegfried   Treuhandschaft an Unternehmen und Unterneh-
                                  mensanteilen, Bielefeld 1981.

Eickmann, Dieter	Kommentar zur Insolvenzordnung, 4. Auflage, Heidelberg 2006.
Einsele, Dorothee	Inhalt, Schranken und Bedeutung des Offenkundigkeitsprinzips, Juristenzeitung 1990, S. 1005-1014.
Emse, Cordula	Verbriefungstransaktionen deutscher Kreditinstitute – Eine Analyse alternativer Strukturvarianten und deren regulatorischer Erfassung nach Grundsatz I und Basel II, Wiesbaden 2005.
Everling, Oliver	Credit Rating durch internationale Agenturen, Wiesbaden 1991.
Fabozzi, Frank J. (Hrsg.)	The Handbook of Mortgage-Backed Securities, 6. Auflage, New York u. a. 2006.
Fleckner, Andreas	Insolvenzrechtliche Risiken bei Asset Backed Securities, Zeitschrift für Wirtschaftsrecht (ZIP) 2004, S. 585-598.
Fleckner, Andreas	Vom partiellen Ende des Unmittelbarkeitsprinzips im Recht der Treuhand – Referentenentwurf eines Gesetzes zur Änderung der Insolvenzordnung, des Kreditwesengesetzes und anderer Gesetze: Erleichterungen für Asset Backed Securities, Konsortialkredite und das Portfoliomanagement, Wertpapiermitteilungen 2004, S. 2051-2066.
Fuchs, Karlhans (Hrsg.)	Kölner Schrift zur Insolvenzordnung, 2. Auflage, Herne 2000.
Gehring, Babett	Asset-Backed Securities im amerikanischen und im deutschen Recht, München 1999.
Gernhuber, Joachim	Die fiduziarische Treuhand, Juristische Schulung 1988, S. 355-363.
Gottwald, Peter	Insolvenzrechtshandbuch, 2. Auflage, München 2001.

Grundmann, Stefan	Der Treuhandvertrag insbesondere die werbende Treuhand, München 1997.
Häde, Ulrich	Die Behandlung von Geldzeichen in Zwangsvollstreckung und Konkurs, Zeitschrift für Insolvenzrecht (KTS) 1991, S. 365-378.
Hahn	Die gesamten Materialien zu den Reichs-Justizgesetzen, Band IV, Konkursordnung,
Heidelberger Kommentar	Kommentar zur Insolvenzordnung, 4. Auflage, Heidelberg 2006.
Heinsius, Theodor	Der Sicherheitentreuhänder im Konkurs in: Festschrift für Wolfram Henckel zum 70. Geburtstag, Berlin / New York 1995, S. 387-400.
Henssler, Martin	Treuhandgeschäft – Dogmatik und Wirklichkeit, Archiv für civilistische Praxis 196 (1996), S. 37-87.
Hess, Harald	Kommentar zur Insolvenzordnung mit EGInsO, Band 1, Heidelberg 1999.
Hess, Harald / Weis, Michaela / Wienberg, Rüdiger	Kommentar zur Insolvenzordnung, Band 1, 2. Auflage, Heidelberg 2001.
Hey, Felix	Mortgage Backed Securitisation – Fremdkapitalbeschaffung über den Kapitalmarkt als Bestandteil des Real Estate Investment Banking, aus Gondering, Hanspeter / Zoller, Edgar / Dinauer, Josef (Hrsg.), Real Estate Investment Banking – Neue Finanzierungsformen bei Immobilieninvestitionen, Wiesbaden 2003.
Hofmann, Max	Hypothekenbankgesetz – Ein Erläuterungsbuch für die Praxis, Berlin / Frankfurt am Main 1964.
Jaeger, Ernst	Konkursordnung, Band I, 8. Auflage, Berlin 1958.

Jaeger, Ernst / Henckel, Wolfram	Kommentar zur Konkursordnung, §§ 1-42, 9. Auflage, Berlin / New York 1997.
Jauernig, Othmar / Berger, Christian	Zwangsvollstreckungs- und Insolvenzrecht, 22. Auflage, München 2007.
Kessler, Christian	Insolvenzfestigkeit schuldrechtlicher Treuhandvereinbarungen, Zeitschrift für Notarpraxis 2003, S. 368-370.
Kilger, Joachim / Schmidt, Karsten	Konkursordnung, Kommentar, 17. Auflage, München 1993.
Klüwer, Arne Cornelius	Asset-Backed Securitisation, Grundlagen und ausgewählte Rechtsfragen eines Finanzierungsmodells aus der Perspektive des deutschen und des US-amerikanischen Rechts, Kiel 2001.
Kokemoor, Axel / Küntzer, André	Verbesserte Refinanzierungsmöglichkeiten für den Mittelstand durch die Einführung von Refinanzierungsregistern?, Betriebs-Berater 2006, S. 1869-1873.
Kötz, Heinz	Trust und Treuhand – Eine rechtsvergleichende Darstellung des anglo-amerikanischen trust und funktionsverwandter Institute des deutschen Rechts, Göttingen 1963.
Kuhn, Georg	Die Rechtsprechung des BGH zum Insolvenzrecht (Fort-setzung zu WM 1962, 946), Wertpapiermitteilungen 1964, 998-1010.
Kümmerlein, Hartmut	Erscheinungsformen und Probleme der Verwaltungstreuhand bei Personenhandelsgesellschaften, Münster 1971.
Kümpel, Siegfried	Bank- und Kapitalmarktrecht, 3. Auflage, Köln 2004.
Kürn, Christoph	Mortgage-Backed Securities – Rechtliche Voraussetzungen und Hindernisse, Konstanz 1997.

Lammel, Siegbert	Die Haftung des Treuhänders aus Verwaltungsgeschäften, Frankfurt am Main, 1972.
Lenhard, Martin / Lindner, Jens	True-Sale-Verbriefung: Erfahrungen und Perspektiven für deutsche NPL-Transaktionen, Zeitschrift für das gesamte Kreditwesen 2005, S. 973-976.
Litten, Rüdiger / Cristea, Sever	Asset Backed Securities in Zeiten von Basel II – Die geplante Eigenkapitalunterlegung nach den Basler ABS-Arbeitspapieren, Wertpapiermitteilungen 2003, S. 213-221.
Mugdan, Benno (Hrsg.)	Die gesamten Materialien zum Bürgerlichen Gesetzbuch für das Deutsche Reich, Band II, Recht der Schuldverhältnisse, Berlin 1899, Band III, Sachenrecht, Berlin 1899.
Münchener Kommentar	Kommentar zur Insolvenzordnung, Band 1, §§ 1-102, Insolvenzrechtliche Vergütungsverordnung (InsVV), 2. Auflage, München 2007, Band 2, §§ 103-269, 2. Auflage, München 2008.
Münchener Kommentar	Kommentar zum Bürgerlichen Gesetzbuch, Band 1, §§ 1-240, 5. Auflage, München 2006, Band 2, §§ 241-432, 5. Auflage, München 2007, Band 6, §§ 854-1296, 4. Auflage, München 2004.
Münchener Kommentar	Kommentar zum Handelsgesetzbuch, Band 5, §§ 343-372, München 2001.
Obermüller, Manfred	Insolvenzrechtliche Fragen bei der Verbriefung von Bankforderungen, in: Festschrift für Gerhard Kreft zum 65. Geburtstag, Recklinghausen 2004, S. 427-444.
Offering Circulars	Offering Circular der Driver One GmbH, November 2004, Driver Two GmbH, September 2005, Driver Three GmbH, Oktober 2006,

DZ Bank zur Transaktion GELT 2002-1, Dezember 2002,
HAUS 1998-1 Ltd., Mai 2004,
HAUS 2000-1 Ltd., März 2000,
Primus MULTI HAUS 2006 GmbH, Juni 2006,
PROVIDE-A 2001-1 plc.; Oktober 2001,
Silver Arrow S.A., Compartment 1, November 2005,
Silver Arrow S.A., Compartment 2, November 2006.

Palandt — Kommentar zum Bürgerlichen Gesetzbuch, 67. Auflage, München 2008.

Pannen, Klaus / Wolff, Patrick — ABS-Transaktionen in der Insolvenz des Originators – das Doppeltreuhandmodell und die neuen Refinanzierungsregister, Zeitschrift für Wirtschaftsrecht (ZIP) 2006, S. 52-58.

Petri, Heinz-Jürgen — Die Grundschuld als Sicherungsmittel für Bankkredite, Münster 1975.

PriceWaterhouseCoopers — Structuring Securitisation Transactions in Luxembourg, Report 2004.

Reinhardt, Rudolf / Erlingshagen, P. — Die rechtsgeschäftliche Treuhand – ein Problem der Rechtsfortbildung, Juristische Schulung 1962, S. 41-50.

Rinze, Jens Peter / Klüwer, Arne Cornelius — Securitisation – praktische Bedeutung eines Finanzierungsmodells, Betriebs-Berater 1998, S. 1697-1704.

Schmalenbach, Dirk / Sester, Peter — Voraussetzungen und Rechtsfolgen der Eintragung in das neu geschaffene Refinanzierungsregister, Wertpapiermitteilungen 2005, 2025-2035.

Schmid, Hubert / Dammer, Thomas — Neue Regeln zur Gewerbesteuer bei Asset-Backed Securities Transaktionen nach dem Kleinunternehmerförderungsgesetz, Betriebs-Berater 2003, S. 819-822.

Schmidt, Karsten	Gesellschaftsrecht, 4. Auflage, Köln 2002.
Schmidt, Karsten	Unterlassungsanspruch, Unterlassungsklage und deliktischer Ersatzanspruch im Konkurs, Zeitschrift für Zivilprozeß 1977, S. 38-67.
Schultz, Florian	Das Special Purpose Vehicle – wirtschaftliche Besonderheiten und offene Rechtsfragen, aus: Festschrift für Welf Müller zum 65. Geburtstag, München 2001.
Seibert, Ulrich	Der Ausschluß des Verbriefungsanspruchs des Aktionärs in Gesetzgebung und Praxis, Der Betrieb 1999, S. 267-269.
Serick, Rolf	Eigentumsvorbehalt und Sicherungsübereignung, Band II, Heidelberg 1965.
Siebert, Wolfgang	Das rechtsgeschäftliche Treuhandverhältnis, Marburg 1933.
Smid, Stefan / Lindenberg, Katrin	Die insolvenzrechtliche Sicherung von Wertguthaben aus Altersteilzeit druch Verwaltungs-, Treuhand- und Sicherungsvertrag, Deutsche Zeitschrift für Wirtschafts- und Insolvenzrecht 2006, S. 133-140.
Soergel, Hans Theodor	Kommentar zum Bürgerlichen Gesetzbuch, Band 2, §§ 104-240, 13. Auflage, Stuttgart 1999, Band 2, §§ 241-432, 12. Auflage, Stuttgart 1990, Band 14, §§ 854-984, 13. Auflage, Stuttgart 2002, Band 16, §§ 1018-1296, 13. Auflage, Stuttgart 2001.
Standard and Poor's	Structured Finance – Reverse Mortgage Criteria, Report 1999.
Staudinger, Julius v.	Kommentar zum Bürgerlichen Gesetzbuch, Buch 1, §§ 134-163, Neubearbeitung, Berlin 2003, Buch 3, §§ 1204-1296, Neubearbeitung, Berlin 2002.

Stiller, Dirk — Asset-Backed Securities und das Bankgeheimnis, Zeitschrift für Wirtschaftsrecht (ZIP) 2004, S. 2027-2032.

Stöcker, Otmar M. — Die treuhänderisch gehaltene Sicherungsbuchgrundschuld zur Verbriefung und Syndizierung von Krediten, Die Bank 2004, S. 55-61.

Stur, Günther — Rating mit qualitativen und quantitativen Kriterien, aus: Everling, Oliver, Rating – Chance für den Mittelstand nach Basel II - Konzepte zur Bonitätsbeurteilung, Schlüssel zur Finanzierung, Wiesbaden 2001.

Thomas, Jürgen — Die rechtsgeschäftliche Begründung von Treuhandverhältnissen, Neue Juristische Wochenschrift 1968, S. 1705-1709.

Tollmann, Claus — Die Bedeutung des neuen Refinanzierungsregisters für Asset Backed Securities, Zeitschrift für das gesamte Handels- und Wirtschaftsrecht 169 (2005), S. 594-624.

Tollmann, Claus — Die Sicherstellung der Insolvenzfestigkeit bei der Asset Backed Seuritization nach dem neuen Refinanzierungsregister gem. §§ 22a ff. KWG, Wertpapiermitteilungen 2005, 2017-2025.

Uhlenbruck, Wilhelm — Kommentar zur Insolvenzordnung, 12. Auflage, München 2003.

Verband deutscher Pfandbriefbanken (Hrsg.) — Das Pfandbriefgesetz, Textsammlung und Materialien, Frankfurt am Main 2005.

Walter, Gerhard — Das Unmittelbarkeitsprinzip bei der fiduziarischen Treuhand, Tübingen 1974.

Wambach, Martin / Kirchmer, Thomas — Unternehmensrating: Weit reichende Konsequenzen für mittelständische Unternehmen und für Wirtschaftsprüfer, Betriebs-Berater 2002, S. 400-405.

Wimmer, Klaus (Hrsg.)   Frankfurter Kommentar zur Insolvenzordnung, 4. Auflage, Neuwied / Kriftel 2006.

Winkeljohann, Norbert   Basel II und Rating: Auswirkungen auf den Jahresabschluss und dessen Prüfung, Die Wirtschaftsprüfung 2003, S. 385-396.